Eloge Historique De Marie Therese Imperatrice Des Romains, Reine De Hongrie Et De Boheme, Etc.

Pierre Lambinet

ELOGE

HISTORIQUE

DE

MARIE-THERESE,

IMPÉRATRICE

DES ROMAINS,

REINE DE HONGRIE

ET

DE BOHÉME, &c. &c. &c.

Par M. l'Abbé LAMBINET.

Pectore vir, vultu fæmina, mente Dea.

A LIEGE,

Et se vend

A BRUXELLES,

Chez LEMAIRE, Imprimeur-Libraire rue de la
Magdelaine.

M. DCC. LXXXI.

ÉPITRE

A LA

NATION BELGIQUE.

MESSIEURS,

Permettez qu'une voix étrangere, naturalisée depuis long-temps parmi vous, mêle ses accens lugubres à ceux que la douleur fait entendre dans vos Provinces éplorées. Hélas! Messieurs, que cette conjoncture est différente de celle où j'ai eu le bonheur de partager avec vous l'allégresse publique, & d'unir mes accords à ces transports de joie, inspirés par l'enthousiasme de l'amour & de la reconnoissance (1).

Avec quelle affreuse rapidité la mort frappe ses coups, & accumule ses victimes! Un Prince, le dernier héritier de l'antique Maison de Lorraine, le confident des nobles projets de son auguste Souveraine, qui retraçoit à vos yeux son image, & qui de concert avec elle assuroit votre félicité: une Reine, dont tous les siecles n'acheveront pas l'éloge, qui dans tous les instans de son regne, vous a fait sentir sa présence, comme nous sentons celle de la Divinité même, par ses bienfaits: la mort a tout ravagé, tout détruit, tout englouti.

Mais, Messieurs, il est un monument indestructible contre lequel la mort brise sa faulx meurtriere, c'est le Temple de Mémoire, c'est celui de l'Immortalité.

Déja la Renommée a fait entendre sa trom-

_____

(1) Voyez le *Discours sur l'Inauguration de la Statue de S. A. R. le Duc* Charles *de Lorraine, suivi du Précis Historique de sa vie.* in-4to. 1774.

pette fonore & publié dans l'univers entier le nom de *MARIE-THERESE*. Déjà les *Annales* de fon Regne, caractérifé par la gloire, & l'en-femble de toutes les vertus, font gravées dans les faftes de toutes les Nations. L'Hiftoire les tranf-mettra aux générations futures, en les marquant du fceau de cette vérité incorruptible, qui rend les faits fi précieux à tous les peuples & à tous les fiecles. Leur éclat foutiendra l'analyfe des temps, & le jugement impartial du tribunal re-doutable de la poftérité.

De foibles Orateurs, ne peuvent donc rien, difoit Boffuet, pour la gloire des ames extraor-dinaires. Leurs actions feules peuvent les louer. Auffi, Meffieurs, l'opufcule que j'ai l'honneur de vous offrir, eft-il moins un Eloge qu'un Hymne à la bienfaifance & à la vertu. Le but principal que je m'y fuis propofé, eft de retra-cer à votre mémoire les époques de la vie de *MARIE-THERESE*, qui ont le plus influé fur votre bonheur, & fur l'état préfent de votre Conftitution politique. Heureux, fi en rendant un hommage refpectueux à la cendre qui vous est chere, je puis renouveller dans vos cœurs cette émotion tendre & délicieuse que vous éprouvez, Messieurs, toutes les fois que l'on vous rappelle le souvenir de vos bons Souverains. C'est dans ces sentimens que je me dis avec le plus profond respect,

MESSIEURS,

Bruxelles, ce 15 Mars 1781.

Votre très-humble & très-obéissant serviteur, l'Abbé LAMBINET.

ÉLOGE
HISTORIQUE
DE
MARIE-THÉRESE.

DEPUIS l'origine des Empires & des Loix, on célebre la mémoire des hommes illuftres que la nation regarde comme les auteurs de fa félicité & de fa gloire. L'Egypte inftitua les Oraifons funebres, & n'en accorda les honneurs qu'au mérite & à la vertu. Le peuple d'Ifraël maintint fes Rois dans l'obfervation de la juftice, en adoptant la coutume religieufe d'honorer leurs cendres. L'Aréopage d'Athenes & la Grece décernerent des couronnes & des Eloges funebres à la valeur militaire. A Rome, on célébroit les funérailles des bienfaiteurs de la patrie, avec une pompe digne de la grandeur de ce peuple-roi. L'Eglife elle-même, depuis plufieurs fiecles, ouvre fon fanctuaire & fa chair évan-

A

gélique aux derniers honneurs que la recon‑
noiſſance rend à la vertu des morts (1). (a)

Il eſt vrai que des adulateurs mercénaires,
cédant quelquefois à la puiſſance & à l'impor‑
tunité de l'orgueil, ont élevé à l'apothéoſe,
des. crimes heureux, des uſurpations palliées,
des erreurs célebres, des talens factices;
mais le fiecle, qui en fût le témoin, rougit
du menſonge; & l'avenir, qui en eſt le juge,
en déchirant le voile obſcur des temps, fait
tomber le maſque, & montre l'impoſture à
découvert.

Dans l'Eloge d'une Souveraine, l'honneur
de ſon fiecle & de l'humanité, l'invention
la plus heureuſe ne peut rien ajouter à ſa
gloire : l'adulation la terniroit : d'ailleurs,
qu'importent de ſtériles louanges à une ame
paſſée dans un nouvel ordre d'exiſtence !
le ſeul hommage digne de ſa mémoire
eſt celui de la ſimple vérité. En attendant
que l'Hiſtoire trace aux fiecles futurs tous
les événemens d'un Empire, dont la ſublimité
des vues & le ſecret des reſſorts, eſt au-deſſus

(1) Liſez les Notes placées à la fin de l'Eloge,
pour le commun des Lecteurs.

de la fphere ordinaire de nos connoiffances,
j'effayerai de crayonner un coin du tableau.
J'avoue que pour peindre Alexandre, il fal-
loit un Appelles ; mais l'indulgence fe plaît
quelquefois à baiffer fes regards fur l'honnête
émulation.

L'Hiftoire de Marie-Therese, eft étroi- **1717.**
tement liée à celle de fon fiecle. Fille augufte de tant de Céfars qui ont donné des
fers à l'Europe & qui en ont reçu d'elle à
leur tour, elle effuya comme eux toutes les
inégalités de la fortune. L'époque de fa naiffance eft remarquable par la fingularité des
événemens dont elle fut remplie. Marie-
Therese éprouvoit déja ce mouvement d'of-
cillation, caufé par les intérêts variés des Po-
tentats chargés de foutenir le poids du globe,
& d'en maintenir l'équilibre. Il femble que
fon ame reçut alors une nouvelle impreffion
de vertu, un nouveau degré de force & de
valeur, à la fimple intuition des grands
hommes, fes contemporains, dont la gloire
& les noms étoient répétés à fon berceau (1).(*b*)

_____

(I) Selon l'opinion commune, le développement
des facultés de l'ame, n'eft qu'à raifon du développement des organes du corps.

Pierre-le-Grand (*Bass-peter*) Maître-pierre à Saardam, & légiflateur en Ruffie, créoit fon Empire, en le tirant de cette ignorance groffiere que l'on ne remarque d'ordinaire, que dans les premiers âges des nations, & parcouroit de nouveau différentes contrées de l'Europe, pour mieux s'inftruire des loix, des mœurs & des arts (*c*).

Son rival redoutable, Charles XII, l'homme le plus intrépide peut-être qui ait jamais paru fur la terre, venoit de faire trembler les puiffances du nord, & malgré fes revers, rempliffoit encore l'Europe entiere du bruit de fon nom, de fes victoires & de l'auftérité de fes vertus (*d*),

Staniflas, couronné Roi de Pologne fous le bouclier de Charles XII, partageoit avec lui fes dangers, fes malheurs, & donnoit au monde entier, dans le fonds d'une retraite, l'exemple fublime de cette vertu de bienfaifance, dont la voix publique, lui décerna le titre (*e*).

Le Duc Régent, né avec toutes les vertus qui font les héros, & avec toutes les foibleffes qui tiennent à l'humanité, travailloit à conferver à la France, durant la Minorité, cet afcendant de réputation & de gloire, que Louis XIV lui avoit donné, & que dix années de calamités avoient affoibli (*f*).

Le fils d'un Jardinier *de Plaifance*, devenu Cardinal & premier Miniftre en Efpagne, génie profond, entreprenant, fait pour aggrandir ou pour bouleverfer les Empires, *Albéroni*, formoit les projets audacieux de changer la face entiere des Royaumes les plus puiffans de l'Europe (*g*).

Le vainqueur de Fontenoy, de Rocoux, de Laufeld, l'émule de Turenne, faifoit en Hongrie, fous le Prince Eugene, fes premieres études de Tactique, & apprenoit à Belgrade affiégée par les troupes Impériales, le talent de les battre, & l'art d'efcalader leurs villes (*h*).

Le Prince Eugene, l'ennemi le plus dangereux de Louis XIV, la gloire & l'appui de la maifon d'Autriche, le vainqueur des Turcs à Carlowitz, à Temefwar, à Peterwaradin, étendoit les barrieres de l'Empire, prenoit Belgrade, & préparoit à l'Allemagne l'heureufe paix de Paffarowitz (*i*).

Charles VI, qui d'une main foutenoit le globe de l'Empire, & qui de l'autre prétendoit porter le fceptre de la Monarchie Efpagnole, avoit voulu raffembler fur fa tête, toute la puiffance de Charles-Quint. Malheureux dans la guerre de fucceffion, plus heureux par les Traités de paix qui lui donnerent de nouveaux états, il travailloit à confolider fa fameufe Pragmatique-fanction, ouvrage de près de trente années de peines & de facrifices, que Marie-Therese vit prefque détruit dans un jour (*k*).

Le célebre Electeur de Brandebourg, Fréderic II, commençoit fon fecond luftre.

Les Pays-Bas, foumis pendant plus de deux fiecles à la maifon d'Autriche regnante en Efpagne, avoient changé de domination fans changer de maître. Deftinés par leur pofition & par la richeffe de leur fol, à devenir fans ceffe les victimes renaiffantes de l'envie ou de la vengeance des Rois, ils venoient d'être reftreints dans leurs limites, & gênés par une République rivale, qui avoit befoin de leurs forces pour foutenir fa foibleffe & fa liberté, diffiper fes craintes, & fe couvrir contre les entreprifes de la France (1). (l)

Vous commenciez alors, Peuples Belgiques, à vous lier par les nœuds, facrés de
l'obéiffance & de la fidélité, au pere augufte
d'une fille adorée, qui tous deux jurerent à
leur tour, d'étendre leurs foins paternels fur
vous, fur vos enfans, fur vos derniers ne-
veux, de protéger, d'affurer vos poffeffions,
de maintenir à jamais vos loix, vos immu-
nités, vos privileges, & qui tous deux furent, comme vous, fideles à leurs fermens.

Déjà même Charles VI vouloit animer vos
ports, étendre votre commerce dans les deux
Hémifpheres, par l'établiffement d'une Compagnie puiffante, qui auroit importé dans
vos provinces les productions de l'Indoftan,
de l'Inde & du Gange. Son aurore brillante
qui vous préfageoit de riches moiffons, re-
veilla la jaloufie de deux nations voifines,
qui exigerent pour le prix d'une pacification
générale, que vos fleuves & vos ports fuffent
réduits à l'état d'inertie de ceux des Gue-

_____

(1) Lifez dans les Notes, Lettre *l*, l'Origine
du Traité de Barriere.

A jv

bres (1). Heureux, fi dans les tems préfens de crife & de révolutions, nous voyons opérer celle qui fait l'objet de vos vœux, comme fouvent on voit, dans les jours de chaleur, l'air embrafé porter un orage fufpendu, qui vomit la grêle, la foudre & la flamme dans les contrées qui l'ont formé; & qui enfuite poufſé par un vent contraire, va répandre dans un climat oppoſé la douce rofée qui le féconde & le vivifie (m).

1718. Ainfi la bataille de Pultava, & la mort de Charles XII avoient pacifié le Nord. Les Traités d'Utrecht, d'Amfterdam, la Quadruple-Alliance & l'éloignement du Miniftre Albéroni, avoient procuré la paix au Midi. Les victoires du Prince Eugene avoient calmé

1721. l'Allemagne : les Congrès de Cambrai & de Soiffons étoient chargés de régler les prétentions de Philippe V & de Charles VI. Les bornes des Pays-Bas-Autrichiens étoient fixés par les Traités d'Anvers & de la Haye. Tout étoit paifible depuis la Ruffie jufqu'au delà des Pyrénées; & depuis Belgrade jufqu'aux bords de la Tamife. L'Europe entiere, ou-

—————————————————

(1) Chez les Guebres, la navigation étoit défendue fur leurs rivieres & leurs fleuves.

bliant alors toutes fes calamités paffées, cultivoit les arts qui ne fleuriffent qu'à l'ombre de l'olivier de la paix.

C'eft dans cet état de calme, que MARIE-THERESE affife fur les marches du trône, apprenoit à y monter. Elle n'eut point d'enfance : elle n'eut des maîtres que pour les Langues, les Belles-Lettres & l'Hiftoire. Les ames vulgaires ont toutes une éducation commune, affervie aux loix de l'ufage & des préjugés : mais le génie s'en donne une particuliere à lui-même. D'ailleurs où trouver un Socrate doué de talens & de vertus néceffaires pour inftruire un Prince deftiné à porter tout le faix de la couronne ? „ Il eft „ peut-être auffi difficile de former un grand „ Roi que de l'être. " Il a fallu que la Déeffe de la fageffe quittât le féjour de l'Empirée, & fe revêtit de la figure humaine, pour élever le fils d'Uliffe. Le regne de Claude & de Néron, nous fait fouvenir d'un *Séneque* & d'un *Burrhus*, il eft vrai : mais il nous rappelle auffi les *Poppées* & les *Tigellins*. Il faut plufieurs fiecles pour produire des Inftituteurs, tels qu'un Fénelon, un Boffuet, un Fleuri, un Locke, un Condillac ; & la bonne éduca-

tion ne fait pas toujours les grands caracte-
res. " Les grands hommes fortent donc
„ prefque tout formés des mains de la
„ nature.

Le Ciel qui veilloit à la deftinée de Marie-Therese & à la félicité de fon Empire,
lui donna la fenfibilité en partage. Elle fit
fon principal caractere. Toutes les actions
de fon regne en porterent l'empreinte. Par
cette fenfibilité, je n'entends point cette impreffion momentanée, que les objets extérieurs
font fur l'ame des êtres mêmes les plus indifférens, ni cette pitié qui n'étant émue que
par des foupirs, des pleurs & des cris, fe
contente de détourner les yeux des maux
qu'elle peut foulager. La fenfibilité de Marie-Therese eft cette vertu efficace, active, qui jamais n'a de loifir tant qu'il y a
des foibles, des malheureux, des fupplians
à écouter, & qu'il y a du bien à leur faire.
Sa bénigne influence s'étend indiftinctement
fur tous les individus de la fociété. Elle eft
la mere de la clémence, de la générofité,
de la délicateffe, de la bienveillance. C'eft
elle qui crée les bons Rois, qui les forme,
qui les infpire. C'eft elle, qui fur le trône,

fe plaît à voiler l'éclat éblouiffant de la
royauté, pour ne montrer aux peuples intimidés, que les attributs d'une Divinité bienfaifante. C'eft elle, qui fous le dais defcend
à toutes les conditions de la vie, pour ef-
fuyer d'une main les larmes de l'afflic-
tion, pour répandre de l'autre la corne
d'abondance fur l'infortune & la mifere.
Elle devine les maux que la honte n'ofe
accufer; les raifons que l'ignorance ne fait
expofer; les plaintes de ceux qui man-
quent d'organes pour les faire entendre. Jamais les demandes importunes n'élevent fur
fon front le moindre nuage qui puiffe annoncer l'impatience, le dédain, l'humeur. Enfin
elle ne fe borne point à fatisfaire fon penchant
au milieu des Capitales, où l'intrigue, la ca-
bale, la foupleffe, & l'hypocrifie dérobent
au mérite indigent la récompenfe qu'il n'ofe
demander; elle va découvrir la vertu fouf-
frante dans l'humble retraite, fon afyle ordinaire. O tendre humanité! ornement de
la Thiare & du Diadême; tu es, après la
Religion, le premier appui que la Divinité
ait accordé fur la terre à notre foibleffe, pour
mieux nous faire fentir fa préfence (n).

La feconde vertu que MARIE-THERESE

annonça dès son enfance fut le courage. A
ce seul mot, l'imagination se représente sans
doute cette Reine des Volsques, qui, mon‑
tée sur un Char armé, conduisoit au com‑
bat ces anciennes Héroïnes, en faisant reten‑
tir des cris de guerre les bords du Thermo‑
don (1). Marie-Therese eut l'héroïsme de
Camille, mais elle n'en eut point les mœurs.
La bravoure & la valeur sont le partage des
enfans de Bellone : ils volent où la gloire &
le danger les appellent : leur vertu ne pa‑
roît souvent que dans le moment de l'action.
Le courage de Marie-Therese est de tous
les lieux & de tous les momens de la vie.
Elle le porte au Champ de Mars, au temple
de Janus, à la Cour, dans les hameaux, au
centre des plaisirs & au lit de douleurs. Sa
bravoure est dans la trempe vigoureuse de
son ame. Son courage est celui du sage &
du héros. Simple & modeste dans la victoire,
elle oublie ses brillans succès, pour ne pen‑
ser qu'aux avantages qu'ils procurent à son
Empire. Comme elle fait vaincre sans osten‑
tation, elle sait être vaincue sans être dé‑
faite. Son ame infiniment supérieure à la for‑
tune, profite de ses faveurs pour étaler sa

(1) Virgile, Æneïde XI.

générofité & fa bienfaifance : elle profite de
fes revers pour montrer fon égalité & fa modération. Sans être amollie par fes careffes,
fans être abattue par fa perfidie, elle fait,
en fixant fon inconftance, la maîtrifer & l'en-
chaîner fous fes pas. La bravoure eft fouvent l'efclave des paffions les plus honteufes.
Tibere après avoir fait rentrer dans l'obéiffance de l'Empire Romain, les Provinces ré-
voltées, alla flétrir fes lauriers à Caprée. Le
vrai courage, au contraire, fait triompher
de toutes les foibleffes humaines; la conti-
nence de Scipion à Carthage, eft celle de
MARIE-THERESE à Vienne.

La Religion divine fanctifia fes vertus humaines. Il n'eft point de grand homme fans
fon infpiration, dit un Sage (1). Et quel autre reffort pouvoit élever fon ame à ce degré
de fenfibilité & de courage ! La Religion eft
l'heureux frein, qui foumet à des loix les
Princes, qui par la force de l'autorité, peuvent fe mettre au-deffus d'elles. La foi leur
apprend qu'il regne dans les Cieux un Etre-
fuprême, qui éleve, abaiffe ou change à fon
gré les Empires, qui, d'un feul regard, fait

---

(1) Cicero de *Natur. Deor.*

rentrer dans le même néant, & le despote audacieux & le timide esclave. C'est elle qui montre au-dessus de leur tête altiere, un juge redoutable, au tribunal duquel l'infortune publique appelle de ses soupirs, de ses cris, de son oppression, de ses larmes & de son sang. Religion sainte, qui avez éclairé l'ame de MARIE-THERESE dès ses plus tendres années, qui avez dirigé ses pas durant son regne, qui avez éloigné d'elle tous les vices, & rassemblé autour d'elle toutes les vertus, regnez à jamais sur le Trône que vous affermissez depuis tant de siecles!... Et vous, insensés! cessez de l'attaquer, ou de l'anéantir. Connoissez mieux vos propres intérêts. Je frémis d'horreur en pensant à tous les maux qui vous menacent, si la Religion cesse de dominer ceux qui vous gouvernent.

La Religion de MARIE-THERESE étoit aussi opposée à la superstition qui la déshonore, qu'à l'impiété qui la détruit : aussi éloignée de la crédulité des esprits foibles, que de l'incrédulité des esprits forts. Sa foi fut comme son cœur, aussi sage, aussi pure, aussi noble qu'elle est simple. Exempte de foiblesse & d'ostentation, elle savoit également se dérober à la foule importune, pour adorer son

Dieu dans le fecret d'une paix profonde, &
comme l'intrépide Daniël, lui rendre un
hommage public au milieu du fafte & de
l'appareil pompeux des Cours. Jamais le tourbillon des affaires, les illufions des courtifans,
les fauffes lueurs de la Philofophie de notre
fiecle, n'ont ébranlé la conftance de fa foi,
ni fufpendu les exercices habituels de fa piété.
Elle vouloit qu'elle fut l'ame de tous fes Confeils, de tous fes Tribunaux, & qu'elle fut
pratiquée fous les tentes & les pavillons dans
les armées. Elle favoit que le Roi des Rois
en lui remettant le tonnerre & les foudres de
fon autorité, ne lui confia pas moins le falut
que la vie de fes peuples. Elle favoit qu'un
Etat quelconque, privé des fecours puiffans
de la Religion, eft bientôt livré à toutes les
horreurs de l'Anarchie, après avoir d'abord
été la proie d'une licence effrénée, qui ne
trouve plus de barriere à fes excès. Quand
Rome étoit en péril, dit un de fes Hifto-
riens (1), le vaiffeau de la République trouvoit une ancre fûre contre les tempêtes : la
Religion.

Le refpect pour les mœurs, eft la qua-

(1) Tacite, Annal. Liv. 24.

trieme vertu dont MARIE-THERESE embellit
les graces de fa jeuneffe, & dont elle nous
donna l'exemple & la leçon. Dans ces temps
malheureux, où la fimplicité des mœurs domeftiques s'éteint avec la douce familiarité,
qui en faifoit le charme : où la ste. image
de la vertu ne paroît plus qu'un fantôme im-
portun : où l'innocence attaquée tout à la
fois par l'audace & par le ridicule, n'ofe
rougir & ne peut fe défendre : où le luxe
monté à fon dernier période, porte, comme
la boîte de Pandore, avec l'enfemble de tous
les vices, la confufion, la difette & la mort
dans tous les Etats qu'il atteint de fon fouffle
contagieux : où de nouveaux difciples d'Epi-
cu_e, outrageant le fein fécond du fol qui
les a vu naître, renoncent à leurs productions indigenes, pour fe procurer à grands
fraix, des objets étrangers de fenfualité qui
n'auroient ni goût, ni faveur, fi notre hémif-
phere les leur offroit : dans ces temps malheureux, dis-je, la Providence donnoit à
l'Europe entiere le fpeétacle d'une ame échap-
pée aux illufions de fes contemporains, qui
confervoit, au milieu des ruines de fon fiecle,
toute l'auftérité des mœurs antiques. Il femble qu'elle vouloit retracer à nos yeux la
                                        mémoire

mémoire de l'âge d'or, en nous montrant
la fimplicité, la bonne foi, la tempérance,
la modération, la frugalité, la décence, les
mœurs, en un mot, fur le Trône de l'Em-
·pire, pour en foutenir la véritable grandeur,
· & en affurer la félicité. Les loix, fans les
mœurs, ne peuvent la procurer (1). Athenes
eut des mœurs, & Athenes fut heureufe avant
d'avoir des loix. Les beaux jours d'Aftrée
ont duré dans chaque légiflation, auffi long-
temps qu'elle fut confiée à la garde des
mœurs. Le refpectueux hommage que les
Souverains, & fur-tout une Reine, leur rendent fous le diadême, agit avec plus de force
fur les peuples, que toute la rigueur des loix.
Sous les Princes que le Ciel nous donna pour
maîtres, il ne nous manque que le courage
de les imiter. MARIE-THERESE a frayé à fon
fexe timide, un chemin fûr & fidele à travers le débordement de nos mœurs; comme
autrefois, fous les Tarquins, la courageufe
Clélie (2) apprit à fes compagnes à fe fauver à la nage, à travers les eaux du Tibre.
Et Jofeph II, le modele des vertus fimples
& modeftes, nous dit : ,, peuples, imitez les

---

(1) *Quid leges fine moribus.* Horat.
(2) Plutarque. Vie de Publicola.

B

„ Germains vos ancêtres, dont les mœurs
„ feroient frifonner votre molleffe : appre-
„ nez que dans leurs bois & dans leurs ma-
„ rais, ils jouiffoient d'un contentement &
„ d'une tranquillité, que l'innocence & le cou-
„ rage donnent toujours, & qu'une multi-
„ tude de loix, fans les mœurs, ne fauroient
„ procurer (1).

A ces qualités du cœur, qui forment le
fonds du tableau que j'efquiffe, MARIE-THE-
RESE uniffoit ces dons extérieurs de la nature, par lefquels la Providence femble quelquefois annoncer ceux qu'elle nous deftine,
pour Maîtres, comme elle défigna jadis par
les traits d'une figure avantageufe, Saül
qu'elle avoit choifi pour regner fur le peuple d'Ifraël (2). Un air de grandeur, relevé
par les charmes de la beauté : des mœurs
douces & fimples, ennoblies par les graces:
un fon de voix qui gagnoit les cœurs que
fa préfence intimidoit : une élocution éner-
gique, toujours fûre d'intéreffer & de plaire : la

---

(1) *Plus illic boni mores, quam alibi bonæ leges
valent.* Tacite, *de moribus Germanor.*

(2) Livre I. des Rois. Chap. 9. vers 2... Chap.
X. verf. 23 & 24.

mémoire la plus heureuſe & la plus fidele : (1)
le don précieux des langues, ſi néceſſaires
aux hommes d'Etat (2) : un abord riant qui
ſembloit permettre de tout oſer, & qui dans
le même temps empêchoit d'oublier qu'elle
étoit Reine : écoutant tout avec complai-
ſance, répondant à tout avec cette préci-
ſion & cette flexibilité d'eſprit heureux à
prendre tous les tons : deſcendant des négociations les plus épineuſes, aux agrémens
d'une converſation la plus enjouée & la plus
facile : poſſédant, en un mot, ce caractere
fait pour régner, & cette heureuſe empreinte,
qu'on peut nommer les dehors de la vertu, du
mérite, du génie que nous cherchons toujours,
je ne ſais par quel inſtinct, ſur le front de ceux
qui ſont revêtus de la puiſſance ſouveraine.
Les graces, chez elle, préſidoient aux bienfaits : elles en augmentoient le prix : elles
adouciſſoient l'humiliation du refus. Xéno-

(1) Quand S. M. avoit fait la grace à un ſujet quelconque de le recevoir à ſon audience, elle ſe le rappelloit 8 & 10 années après, de même que le motif
qui l'avoit amené aux pieds du Trône.

(2) MARIE-THERESE parloit l'Allemand, le
Hongrois, l'Italien, le Latin, le François.

phon difoit que Dieu en donne une à chaque Souverain, pour tempérer la fplendeur
du Diadême. MARIE-THERESE, en les re-
préfentant toutes les trois, laiffoit dans le
cœur de ceux qui la voyoient & l'enten-
doient, une impreffion de refpect, & d'admiration mêlée d'amour. Ce fut à ces pré-
cieufes prérogatives, que les graces durent
les Autels que le peuple de la Grece leur
érigea. Athenes ordonna de les repréfenter
dans le Lycée, afin d'apprendre aux hommes à les allier avec toutes les actions de la
vie. Platon ne ceffoit de répéter à Xénocrate,
dont les mœurs lui paroiffoient trop farou-
ches : *Mon ami, facrifie aux graces.* (1)

Tant de vertus fublimes, réunies dans l'Héritiere préfomptive de plufieurs Monarchies,
fixoient les regards des Puiffances de l'Europe, qui afpiroïent à la gloire de poffèder
fon cœur & de partager fes Etats. Eh ! Que
ne fe paffoit-il pas alors dans l'ame d'un pere
fenfible, qui voyoit fon augufte Maifon, fi
féconde en Souverains, prête à s'éteindre,
& le fort de fa deftinée abandonnée à des

_____

(1) Plutarque. Vie de C. Marius.

mains frêles en apparence , mais qui ca-
choient une force réelle , une élasticité nerveuse. Charles VI voit avec émotion l'avenir incertain qui fe prépare : il en souleve
le voile inquiétant : fa tendreffe lui montre
des périls: fa fageffe & fa prévoyance s'at-
tachent à les faire difparoître. Il appelle à
la Cour de Vienne (1) le Prince aîné de la
Maifon de Lorraine , le fait élever fous fes
yeux, le regarde comme un fils adoptif, envoyé du Ciel pour affurer fa tranquillité &
celle de l'Empire, pour devenir le confola-
teur, le foutien, le confeil & l'Epoux futur
de fa Fille chérie. Déja il entrevoit l'heureux moment où les Maifons d'Hapsbourg &
de Lorraine, forties depuis plufieurs fiecles
d'une même tige, (2) vont fe réunir & fe
fondre, pour ne former qu'une feule famille ,
dont la puiffance redoublée & les forces ac-
crues étonneroient les fiecles futurs. Mais auparavant, la Providence vouloit donner à
ces ames prédeftinées, un exemple de l'inf-

---

(1) En 1723, François défigné Duc de Lorraine.
(2) De la Maifon d'Alface , par les fils du Duc
Etichon , qui formerent ces deux branches vers la
fin du feptieme fiecle.

tabilité des chofes humaines, & des révolutions des Empires, hélas ! fi multipliées dans
notre fiecle, que l'habitude de les voir nous
a donné celle de ne plus y réfléchir.

1733.
1734.
1735.

La mort d'Augufte, Roi de Pologne, (1)
devint le fignal d'une guerre qui changea
totalement la conftitution de l'Italie & de la
Lorraine. L'ambition de lui fuccéder, fut
une fource féconde de divifions & de malheurs. Déja la nation Polonoife fe partage
en deux factions. L'une, appuyée par l'Allemagne, la Saxe & la Ruffie, demande pour
Roi le Fils d'Augufte, (2) qui pour mieux
s'affurer des armes de Charles VI, accédoit
à fa Pragmatique-fanction, & la garantiffoit
perfonnellement. L'autre, foutenue par la
France, l'Efpagne & la Sardaigne, unies,
veut replacer Stanilas fur le Trône de fa Patrie. (3) Louis XV prétendoit venger l'in-

(1) Augufte II, Roi de Pologne, Electeur de
Saxe, mort le 1 Février 1733.

(2) Elu & couronné Roi de Pologne, fous le
titre d'Augufte III. Il avoit époufé la Niece de
Charles VI.

(3) Stanilas Leczinski, Beau-pere de Louis XV,
fut élu deux fois Roi de Pologne, l'une en 1704,

jure faite à fon Beau-pere & à la liberté de
fon élection. Philippe V vouloit rompre les
obftacles que la Cour de Vienne mettoit à
l'Inveftiture de l'Infant Don Carlos à Parme
& Plaifance. Charles-Emmanuel partageoit le
reffentiment de ces deux Puiffances, & ré-
clamoit contre l'abus que l'Empereur faifoit
de fon authorité prépondérante en Italie.
Les Pays-Bas Autrichiens jouiffoient alors des
avantages, inufités pour eux, de la plus par-
faite neutralité.

Déja la difcorde fecoue fon flambeau dans
les airs & embrafe une partie de notre Con-
tinent. Dix mille Ruffes entrent en Lithua-
nie; Varfovie eft pris : Dantzic affiégée fe
rend : la tête de Stanillas eft mife à prix,
fon parti diffipé, lui-même forcé de fe tra-
veftir pour échapper aux plus grands dangers (1): fon rival eft couronné; Charles VI
a la gloire de donner un maître à la Pologne : mais cette gloire lui coûta cher.

l'autre en 1733, & fut contraint deux fois de renoncer à fa Couronne.

(1) Stanillas fortit de Dantzic, déguifé en ma-
telot, & fe fauva à travers les armées ennemies,
à Kœnigsberg.

L'armée françoife ouvre la campagne par
la prife du Duché de Lorraine. Elle fe porte
fur les bords du Rhin. Le Fort de Kelh,
Treves, Trarbach, Philipsbourg, fubiffent
la loi des vainqueurs. Dans le Milanez, Pavie, Crémone, Milan, Novare, Tortone,
fe rendent aux troupes combinées. Les Im-
périaux font défaits à Parme fous le Comte
de Merci : à Guaftalla fous le Comte de
Kœnifeck : à Bitonto fous le Comte de Bel-
monte. Naples & Sicile fe foumettent aux
Efpagnols, fans coup férir : l'Infant Don
Carlos réunit ces deux Couronnes fur fa tête.
Meffine, Syracufe, Orbitello, la Mirandole,
ouvrent leurs portes aux Alliés; & des vaftes Etats que Charles VI poffédoit en Italie,
quelques mois auparavant, il ne lui refte
plus que la feule place de Mantoue, dont on
faifoit le blocus. Quelle fut la fin de cette
guerre qui coûta aux vainqueurs & aux vaincus tant d'or, tant de larmes, tant de fang?
La paix & le partage des Nations, fort éton-
nées de changer de maîtres.

Le Roi Staniflas, né en Pologne, où il
fut toujours malheureux, vint faire le bonheur de la Lorraine. François, Duc de Lor-

raine, alla s'affeoir fur le Trône des Médicis. Un Infant d'Efpagne fut reconnu Roi
de Naples & de Sicile. Les Duchés de Parme & Plaifance, toujours en vain révendi-
qués par le St. Siege, furent cédés à Charles VI. Le Milanez fut démembré en faveur
du Roi de Sardaigne. (1).

Ainfi l'abdication de deux Souverains, qui
avoient fur leurs peuples des droits inconteſ-
tables, à titre de naiſſance & d'élection, devint la bafe du Traité de Vienne, & la con-
clufion de la paix.

Le facrifice de la Lorraine fut pour Fran-   1736
çois I l'affurance & le prix de fon hymen
avec l'héritiere de Charles VI (2). Les nœuds
en étoient ferrés dans les décrets divins. L'innocence d'un même âge tendre : la douce

---

(1) Lifez les Traités de Vienne du 3 Octobre
1735 : du 11 Avril, du 28 Août 1736 : & du 18
Novembre 1738.

(2) Le 12 Février 1736, François-Etienne, Duc
de Lorraine & de Bar, époufe à Vienne MARIE-
THERESE d'Autriche, fille aînée de l'Empereur
Charles VI. Ils avoient été élevés long-temps en-
femble.

habitude de fe voir : le bonheur de fe connoître : une inclination naiffante : une ste. pudeur, l'honneur des corps, la gloire des ames ;
ste. pudeur, quelle majefté vous imprimez
fur le front de la beauté !... l'identité de
penfées & de principes d'éducation : la con-
formité de caractere : le pur attrait d'une eftime mutuelle : le foin de plaire fans art , &
de fe mériter l'un l'autre : le goût conftant
des mêmes vertus : tout ce que la fimpathie
de deux cœurs à de charmes & de nœuds
puiffans : flammes immortelles : fidélité conjugale, qui fur le trône fait regner avec elle
toutes les vertus : tel fut le modele d'union,
dont MARIE-THERESE donna l'exemple à
tous les Princes de la terre.

Que les fens continuent à fe taire ! l'hymen eft ici la gloire du fentiment. Au milieu
des preftiges dont la volupté féduifante en-
vironne les palais des Rois ; l'ame pure &
fenfible de MARIE-THERESE, ne connoît dans
François I qu'un ami fincere & courageux,
le foutien de fa vertu & de fa gloire, le confident de fes plaifirs & de fes peines.

Que ne puis-je peindre, dans une Reine
augufte, le bonheur affis au milieu des foyers
domeftiques, entre un époux adoré, & des
enfans précieux, l'efpoir de l'Etat & les ga-
ges multipliés de leur union! Tel eft l'empire de l'amour vertueux; feul il peut enno-
blir les cœurs, les rendre heureux, & les pé-
nétrer d'une fenfibilité qui dure toute la vie.
Dans le feu d'une paffion impure au contraire, l'ame s'écoule & s'éteint dans la fange,
en traînant après elle les foibleffes, le délire,
les opprobres, les malheurs. Hérodias teint
fon adultere du fang d'un Prophete; & la
femme corrompue de Putiphar oublie que
Jofeph eft un efclave.

Que notre fiecle apprenne avec refpeét,
que l'ame de MARIE-THERESE fut unie trente
ans à celle de François I, fans que l'innocence & la pureté ait pu s'allarmer : que leur
amour mutuel s'eft confondu dans l'amour
facré de la vertu. Qu'il apprenne avec
émotion, que, quand le voile nuptial fut
couvert du voile affreux de la mort, une
Reine veuve ne voulut plus, le refte de fes

jours, connoître d'autre consolation, que celle de pleurer son époux & de penser à ses vertus : qu'elle eut le courage de porter sans cesse sur elle-même, & de conserver autour d'elle les signes lugubres d'une tristesse si chere à son cœur : qu'à chaque période du mois, elle descendoit dans un caveau sépulchral, où d'un côté, elle voyoit d'un œil sec son tombeau ouvert, prêt à la recevoir ; & de l'autre, prenant à témoin de sa douleur celui qui tient les portes de l'éternité, elle arrosoit de larmes l'urne fatale, qui renferme les cendres froides d'un époux, l'éternel entretien de son amour & de ses pleurs (o).

Une union contractée sous les auspices de la sagesse & de la vertu, ne pouvoit être que l'augure de la félicité des peuples & le présage certain de l'élévation future d'une nouvelle Maison souveraine, qui fait aujourd'hui l'admiration de toutes les autres. Mais elle devoit passer par le creuset de la tribulation.

1737. Charles VI sortoit à peine d'une guerre

ruineufe, que la reconnoiffance des biénfaits 1738.
de la Ruffie, le précipita dans une autre 1739.
contre les Turcs, qui fut plus malheureufe
encore. Des quatre armées qu'il mit en campagne, l'une fut défaite à *Bagnaluc*. L'autre
quoique victorieufe en *Servie*, fut affoiblie de
moitié : une troifieme, compliquée dans les
malheurs de fes Officiers généraux, partagea
avec eux leurs peines & leur infamie (1). La
quatrieme fut taillée en pieces à *Croska* : &
pour comble d'infortune, un Miniftre témé-
raire (2) qui tranfgreffoit les bornes de fon
pouvoir, en accélérant lui-même fa difgrace,
fe hâtoit de conclure une paix humiliante,
qui ravit à la Maifon d'Autriche, Belgrade,
Sabacz, & toutes les glorieufes conquêtes du
Prince Eugene.

L'Empereur, éclairé par les malheurs des

---

(1) Le Général Doxat accufé d'avoir livré *Niffa* aux
Turcs, eut la tête tranchée à Belgrade : la plupart
des Officiers de la garnifon furent condamnés à des
peines infamantes. On fit le procès au Comte de
Seckendorff.

(2) Le Comte de Neipperg.

guerres qui fucceffivement avoient défolé fon Empire, fongeoit aux moyens de prévenir fa ruine. Ses fujets avoient fait des efforts qui furpaffoient leurs forces. Le Corps germanique, les Etats d'Autriche & des Pays-Bas fuccomboient fous le poids multiplié des fubfides. Les tréfors de l'Etat étoient épuifés. Le Comte *Kollowrath* à Vienne ; le Comte de *Harrach* à Bruxelles, travailloient à dégager l'adminiftration des Finances, de cette forme vicieufe qui engendre des pertes & des déprédations infinies. Les monnoies courantes avoient perdu de leur valeur intrinfeque, par un alliage frauduleux, qui ôtoit à la banque fon crédit, & à l'Etat la confiance publique. Les frontieres de l'Empire étoient ouvertes de toutes parts. Les forts qui en défendoient l'entrée, n'offroient plus que des décombres & des ruines. Les magafins étoient dépourvus de vivres & les arfénaux de mu-

L'hiver nitions. Une difette générale de grains, & le de 1740. monopole qui toujours l'accompagne, caufoit des ravages affreux depuis le Danube, jufques fur les bords de l'Efcaut, Les armées, dénuées de Chefs, affoiblies par le carnage, les maladies, la pefte & les dégoûts d'une pénible quarantaine (1), ne préfentoient plus que l'image d'un fpectre énorme, qui trouvoit à peine de quoi prolonger fon exiftence. Le Confeil de Vienne ne pouvoit que difficilement lui affigner, pour fon entretien annuel, un fonds de huit millions de florins. Il balançoit même entre le plan de la réforme des Régimens, & celui d'une levée de dix mille récrues, pour les complettcr. Le foldat ftipendiaire attendoit les arrérages de la folde pour retourner dans fes foyers (p).

Les Pays-Bas, livrés aux horreurs de la difette, amenée par les inondations & la rigueur des temps, en fupportoient les cruels effets, avec d'autant plus de peines, qu'ils font heureufement habitués à l'abondance. Occupés à régler leurs limites avec la France, & à fixer un tarif avec l'Angleterre & la

1740.

_____

(I) Les troupes qui avoient fait la guerre contre les Turcs, qui portent prefque toujours la pefte avec eux, furent affujetties à la quarantaine. Ce ne fut qu'avec peine, que les Princes particuliers de l'Empire leur livrerent paffage fur leurs terres.

Hollande, ils voyoient leur fortune, leurs manufactures, leur induftrie, fur le point d'être anéantis par la méfintelligence & la roideur de deux Minifteres, qui étouffoient fous des droits d'entrée exorbitans, le commerce de deux Nations voifines, qui ont naturellement befoin de fecours mutuels pour l'alléger & le faire fleurir (1).

C'eft dans cet état de chancellement & de foibleffe que Charles VI voyoit s'éteindre avec lui, fon augufte Maifon, qui avoit occupé le trône de l'Empire pendant trois fiecles confécutifs. Déja la mort tenoit fufpendue fur fa tête fa faulx menaçante. Tourmenté par des mouvemens violens de follicitudes & de tendreffe paternelle, il dépofe fes enfans, fon efpoir, dans le fein d'un Miniftre, fon confident, dont l'héritier du nom & des vertus retrace aujourd'hui à fon Souverain le zele & la fidélité inviolable, comme

_____

(1) Lifez l'Hiftoire du Congrès de Lille & d'Anvers : les Tarifs publiés à Bruxelles le 2 Mars 1740, & à Liege le 18 Mars & le 8 Juillet de la même année.

comme il rappelle aux Provinces Belgiques
confiées à fon Adminiftration, la fageffe, les
lumieres, la prudence & l'intégrité (1).

A peine MARIE-THERESE fut-elle montée 20 Octobre.
fur le trône de fes ancêtres, qu'elle ouvrit
la carriere de fon regne, telle que cet aftre
lumineux, l'ame de la nature, qui précédé
par les fleurs de l'aurore, s'élance dans la
voûte éthérée & s'annonce à la terre par fa
chaleur réproduétive, & par les traits de lumiere qu'il darde de toutes parts. L'Empire
femble renaître & tréfaillir au mouvement
de la main bienfaifante qui en tient les rênes.
Les peuples variés qui le compofent, s'uniffent de concert, pour célébrer l'auteur at-
tendu de leur gloire & de leur félicité. Em-
preffés de rendre les hommages de leur obéiffance à la Souveraine qu'ils chériffent, ils fe

------

(1) Charles VI, la veille de fa mort, recom-
manda expreffément MARIE-THERESE au Comte
Gondacre de Starhemberg, fon principal Miniftre
à Vienne.
L'Empereur mourut vers les 3 heures du matin
le 20 Octobre 1740. Et trois heures après, MARIE-
THERESE fut proclamée Reine de Hongrie, de
Bohême, &c.

C

trouvent flattés d'en avoir encore à offrir aux graces & aux vertus qu'ils admirent.

L'héritiere de Charles VI promene fes regards fur les vaftes Etats qui forment fa fucceffion. La Hongrie, la Bohême, la Siléfie, la Souabe, l'Autriche, la Styrie, la Carinthie, la Carniole, les quatre villes foreftieres, le Burgaw, le Brifgaw, les Pays-Bas, le Frioul, le Tirol, le Milanez, les Duchés de Parme & de Plaifance, occupent fon cœur, & fixent fon attention.

„ Nous ferons, leur écrivoit-elle, tous „ nos efforts, pour que nos fujets trouvent „ en nous une Souveraine remplie de bon„ tés, & pour furpaffer par nos bienfaits & „ notre attention au bien commun de l'Etat, „ les glorieufes efpérances, qu'on a conçues „ de la douceur de notre regne, où du moins „ pour les égaler (1) ".

Sa délicateffe fe fait une loi de remplir auffi-tôt fes engagemens. A Vienne, elle diminue de moitié les Impôts fur les comeftibles & les denrées de premiere néceffité. Elle

(1) Lettre de MARIE-THERESE datée de Vienne du 22 Octobre 1740, publiée dans tous fes Etats.

ordonne aux Miniftres de l'églife, qui en re- 26 Oc-
préfentent le Chef facré, d'ouvrir leurs ma- tobre.
gafins aux pauvres, preffés par la difette, &
de facrifier à l'humanité indigente un fuper-
flu, qui fouvent ne fert qu'à nourrir leur
luxe. Elle brife les fers des Comtes de Seckendorff, de Wallis, de Neipperg, & les
replace dans les mêmes dignités militaires
qu'ils avoient perdues (1). Les ferfs de Bohême, malheureufes victimes de l'oifiveté &
de l'orgueil de leurs maîtres, recouvrant une
partie de leur liberté, n'arrofent plus de
leurs fueurs une terre étrangere dont ils ne
recueillent que les ronces (2). Les Hongrois,
ce peuple fier & belliqueux, qui depuis deux
cens ans, n'avoient ceffé d'être rebelles à la
Maifon d'Autriche, reçoivent enfin l'ufage
& la garantie de leurs privileges, prêtent fer-
ment de fidélité, & paffent tout-à-coup de
la haine à l'adoration.

Le Duc François-Etienne de Lorraine, ad-
mis par MARIE-THERESE à la Co-Régence de

_____

(1) Voyez le Décret de MARIE-THERESE du 6
& 7. Novembre 1740.

(2) MARIE-THERESE exempta les habitans de
Bohême d'une partie des corvées qu'ils devoient à
leurs Seigneurs.

C ij.

fes Etats, partage avec elle fa Couronne &
fon Sceptre (1) ; & peu de temps après, fe
voit revêtu du droit de fuffrage à la Diete
de l'Empire.

Ces premiers traits de juftice , de clémence
& d'eftime conjugale , annoncerent à l'Eu-
ròpe les qualités du cœur de MARIE-THE-
RESE. Le choix qu'elle fit de fes Miniftres &
de fes Généraux , prouva fes lumieres & ho-
nora celle de fes élus.

La deftinée des Empires & des peuples
n'eft pas moins entre les mains des Miniftres
d'Etat & des Guerriers, que dans celles des
Rois qui leur remettent une partie de leur
puiffance & de leurs foudres. Les uns placés
entre le Monarque & le fujet , chargés du
détail long & pénible du Miniftere , pefent
dans la balance de la juftice les intérêts,
les fervices, les talens, les vœux des individus de la fociété , les dépofent aux pieds
du trône , en rapportent les oracles décififs ,
& concourent par la fageffe de leurs vues à
la commune félicité des peuples ; tels que

Voyez la Déclaration de MARIE-THERESE faite
à Vienne le 12 Novembre 1740.

les *Colterédo* en Empire, *les Efterhaxi* en Hongrie, &c.

Les autres, comme Fabius à Carthage (1), initiés dans le fanctuaire des négociations, y portent toute la lumiere & l'activité du génie, pénetrent les détours & l'abîme de la politique, perçent les nuages qui en couvrent les myfteres, faififfent la chaîne des événemens, & font mouvoir avec habileté ces refforts puiffans, qui amenent la guerre ou la paix, qui élevent, abaiffent ou balancent les fortunes des Rois & des Nations. Tels les *Kaunitx*, les *Cobenxl*, &c.

Ceux-ci, comme Caton à Rome, prépofés à l'adminiftration des finances, gouvernent les tréfors de l'Empire avec cette fage économie qui les augmente; appliquent au bien de l'Etat les revenus qui en font la fubftance; encouragent l'agriculture, le commerce, l'induftrie qui en font la bafe & le nerf; établiffent l'ordre, la clarté, l'intégrité dans la

---

(1) Après la prife de Sagonte par Annibal, Maximus Fabius fut envoyé par les Romains en Ambaffade à Carthage. Lifez dans la Vie d'Annibal, par Plutarque, le difcours que Fabius adreffa avec fierté aux Carthaginois.

perception des deniers ; & portent également par tout l'abondance , la nourriture & la vie. Tels les *Tarouca* , les *Zinzendorff* , les *Philippe Cobenzl* , les *Rofemberg* , &c.

Ceux-là , femblables à ces Romains, qui furent appellés l'épée & le bouclier de la République , raffemblent fous les Drapeaux de Mars des légions de mercénaires , qu'ils placent autour de l'Empire , comme autant de murs d'airain. Idolâtres de leur honneur & de la gloire de leur Souverain , tantôt ils menent leurs foldats à la victoire par des marches favantes & laborieufes , comme Xénophon conduifoit les Grecs , tantôt à travers le fer & le feu. Soit qu'ils arrachent leur patrie des bras des raviffeurs ; foit qu'ils fément la défolation , la terreur & la mort dans celle de leurs ennemis , ils font toujours au-deffus des plus grands périls , par les reffources multipliées de l'art , du courage & de la vigilance. On les a vu ces hommes , que la voix commune de toute l'Europe égale aux plus grands Capitaines des fiecles paffés , porter la gloire de leur nation jufqu'aux extrémités de la terre. Leur mémoire féra éternelle , & la reconnoiffance publie les noms de *Char-*

les - Lorraine , Kevenhuller , Brown , Daun ,
Haddick , Nadafti , Laudon , Lafcy , &c.

MARIE-THERESE prévoyoit le befoin qu'elle
auroit du génie & de la valeur de ces grands
hommes, fur-tout à cette époque qui fit fa
gloire & fes malheurs ; à cette époque où elle
vit la moitié de l'Europe réunie pour la combattre , & l'admirer. Jamais crife ne fut plus
violente : jamais danger ne fut plus preffant :
jamais l'Empire ne fe vit plus près de fa ruine.
Déja l'orage fe forme : il éclate. La caufe des
Puiffances intéreffées fe plaide par des Mémoires publics, par des Manifeftes, préludes
ordinaires de la guerre. L'Electeur de Baviere , Charles Albert , annonce fes prétentions à la fucceffion de Charles VI , en vertu
d'un Teftament fait dans le milieu du feizie-
me fiecle. L'Electeur de Saxe allegue les
droits de fon époufe même , fille aînée de
l'Empereur Jofeph , frere de Charles VI. Le
Roi de Pruffe réclame des anciens pactes de
famille & de confraternité. Le Roi d'Efpagne reffufcite des Titres de Charles-Quint ,
de Ferdinand II , de Philippe III , & prétend mettre Dom Philippe , fon fils , gendre
de Louis XV , en poffeffion du Milanez &
de Parme. C iv

On attefte de part.& d'autre les droits du fang, les contrats, les pactes de famille, les loix de l'Allemagne, & le fyftême politique de l'équilibre (*q*).

MARIE-THERESE, fondée fur le droit naturel qui l'appelloit à l'héritage de fon pere, fur la Pragmatique-fanction qui l'affuroit, fur la garantie de toutes les puiffances qui l'avoient jurée, avoit en fa faveur les vœux unanimes de fes fujets, le cœur de fon peuple, les graces de fa jeuneffe, l'intérêt d'une Reine qui touchoit au moment d'être mere (1), & le fang de tant d'Empereurs qui couloit dans fes veines.

1741. Cependant, l'Electeur de Brandebourg, dont l'Ayeul devoit à la Maifon d'Autriche l'érection de la Pruffe Ducale en Royaume (2), prévoit l'embrafement général, ne perd pas de temps : part fecrettement de Berlin à la tête de 30 mille hommes : marche en Siléfie au milieu des glaces & des frimats : fait porter devant fon Régiment des

_____

(1) Jofeph II eft né le 13 Mars 1741.
(2) L'Empereur Léopold éleva en 1701, la Pruffe en Royaume.

Gardes l'Aigle Romaine éployée : ordonne à ses troupes de faire précéder leurs pas de manifestes marqués au coin de son génie : s'empare d'une des plus riches Provinces de l'Allemagne, sans, pour ainsi dire, que cette conquête lui ait coûté d'autre peine que celle de se montrer : reçoit à Breslaw l'hommage des Etats de Siléfie, qui font frapper des Médailles sur l'exergue desquelles l'adulation grava ces mots : *Justo victori*, au vainqueur légitime (1).

L'Electeur de Baviere, d'un autre côté, pressoit la France de lui procurer la couronne Impériale. Il lui rappelloit les services que son pere Maximilien lui avoit rendus dans la guerre de succession; la perte de ses Etats dont l'Empereur Joseph I avoit puni son attachement aux intérêts de la France ; la détention de ses propres enfans en Carinthie ; la radiation même de leur nom (2).

_____

(1) Voyez les Médailles frappées en Siléfie, le 31 Octobre 1741.

(2) En 1706, les Electeurs de Baviere & de Cologne furent mis au ban de l'Empire. L'Empereur fit transférer à Clagenfurth, les quatre fils du premier, pour y être élevés sous le nom des Comtes de Wittelspach.

L'Electeur de Cologne, Clément-Augufte de Baviere, embraffoit la caufe de fon frere, & l'Electeur Palatin y réuniffoit la fienne.

La Reine, trop foible pour réfifter aux torrens impétueux, qui tentoient de l'entraîner dans l'abîme, recourt aux voies de négociations. Affurée de la fidélité de fes fujets & de leurs efforts; elle travaille à accélérer les fecours promis par fes Alliés. La Ruffie, déchirée par une guerre inteftine & harcélée par la Suede, fouffroit de ne pouvoir marquer fa reconnoiffance à la fille de Charles VI. L'Angleterre & la Hollande animoient fes efpérances; mais il s'agiffoit de détacher la Cour de Verfailles de la ligue générale, & d'en obtenir au moins la neutralité.

Deux Factions oppofées tenoient alors le Miniftere de France en fufpens. Le Cardinal de Fleury, naturellement ami de la paix, fe refufoit à une guerre douteufe, que Paris & Verfailles demandoient hautement, & qu'elles blâmerent quand le fang & les tréfors de la France furent épuifés. Deux petits-fils du célebre & malheureux Foucquet, deux hommes d'une politique & d'une imagination hardie, faifoient agir des refforts plus puiffans.

Leur ambition faifoit parler au Confeil du Roi le génie de Richelieu, dont le dernier vœu fut pour l'abaiffement de la Maifon d'Autriche. La guerre fut réfolue. Déja la 18 Mal. France & l'Efpagne concluent une alliance offenfive, avec l'Electeur de Baviere. Les Rois de Pruffe, de Pologne, de Sardaigne y accedent. Quarante mille François aux ordres du Maréchal de Maillebois fe portent en Weftphalie & retiennent captives les forces de l'Angleterre & des Provinces-Unies. Le Maréchal de Belle-Ifle paffe le Rhin à la tête de 40 mille hommes : négocie dans toute l'Allemagne : fait mouvoir les troupes de Saxe : fe rend au camp du Roi de Pruffe pour concerter leurs vaftes projets ; & donne tout à la fois au compétiteur de MARIE-THERESE, de l'argent, des Alliés, de foldats (1).

L'Electeur de Baviere, fort de tant de fecours, pénetre facilement en Autriche : 31 Juil- fe rend maître de Paffaw, qui en eft la let. clef : arrive à Lintz, détache des partis, juf- 15 qu'aux portes de Vienne, trop mal fortifiée Août. pour pouvoir réfifter & fomme fon Gouver-

---

(1) Lifez l'Hiftoire d'Allemagne & l'Hiftoire de la guerre de 1741.

neur', le Comte de Kevenhuller, de fe rendre avec elle: L'allarme fe répand dans cette
Capitale: on prend la fuite : Marie-Therese,
forcée d'abandonner la réfidence de fes ayeux,
fe fauve à Presbourg. Il n'y avoit plus alors
de puiffance qui ofât foutenir les armes à la
main la Pragmatique-fanction de Charles VI.
Sa fille voyoit fon héritage déchiré par fes
ennemis : elle étoit feule pour les combattre.
Mais l'ame du jufte à une fphere au-deffus
1741. des orages. Le malheur développe des lumieres & des forces qui vont au-delà des bor-
nés ordinaires de la nature. Marie-Therese
11 Sep- affemble en Hongrie les quatre Ordres de
tembre. l'Etat : elle court au berceau d'un fils, fon
efpoir & le nôtre, qu'elle venoit d'enfanter
dans les douleurs : elle le prend dans fes bras;
le préfente aux Hongrois, & leur dit : „ La
„ fituation embarraffante où la divine Pro-
„ vidence permet que je me trouve, eft ac-
„ compagnée de circonftances fi dangereu-
„ fes, que je ne puis efpérer d'en fortir que
„ par des fecours prompts & puiffans. Aban-
„ donnée de mes amis, perfécutée par mes
„ ennemis, attaquée par mes plus proches
„ parens, je n'ai de reffource que dans ce
„ Royaume, dans votre fidélité, dans vos

„ tre bravoure. Je remets entre vos mains
„ la couronne, la fille & le fils de vos Rois;
„ & j'attends de vous leur falut (1). La chaleur de fon ame paffe dans l'ame de la Diete.
Tous les Palatins attendris tirent le fabre,
promettent de verfer jufqu'à la derniere
goutte de leur fang, pour les intérêts d'une
Reine, qui leur tenoit lieu du plus grand
Roi, & la falle retentit du tranfport de leur
admiration & de leur enthoufiafme ; *moria-
mur pro Rege noftro MARIA-THERESIA.*
Mourons pour notre Roi MARIE-THERESE.

Si les deffins concertés des puiffances humaines pouvoient toujours avoir d'heureux
fuccès, la Maifon d'Autriche alloit être en-
fevelie dans le tombeau de fon dernier Empereur. La Siléfie, le Comté de Glatz, la
Moravie étoient au pouvoir de Frédéric :
l'Autriche & la Bohême étoient au pouvoir
des François : Charles-Albert, couronné Archiduc à Lintz, venoit de prendre la cou- 7 Dé-
ronne de Bohême à Prague, & alloit à Franc- cembre.
fort recevoir celle d'Empereur, fous le nom
de Charles VII. A peine reftoit-il à MARIE- 1742.
THERESE *une Ville pour y faire fes cou-*

---

(1) Les Mémoires du temps ont donné cette
traduction pour la plus fidele : le Difcours avoit
été prononcé en Latin.

ches (1). Mais une nouvelle révolution apprit aux hommes, que leur prudence n'eft
qu'une prudence aveugle, dont fe joue la fageffe fuprême, qui difpofe à fon gré des fcep-
tres & des couronnes. Le courage de Marie-
Therese fe multiplie avec les dangers : fon
génie s'aggrandit avec les obftacles. Une éloquence victorieufe lui avoit concilié le zele
des Hongrois. Les talens qu'elle fit valoir
dans fes confeils pour animer les efforts de
fes Alliés ; les reffources fécondes qu'elle montra dans fes négociations pour fe libérer des
ennemis qui l'attaquoient de toutes parts,
exciterent l'admiration de l'Europe attentive
à fon fort & à celui de l'Empire

Déja les Etats de Hongrie arment les Bannats de Temefwar, de Tranfylvanie, & la
Province de Dobriczin. Il fort des bords de
la Drave & de la Save, des peuples inconnus jufqu'alors, dont l'ardeur martiale, le
coftume fingulier, la figure fauvage reftent
encore aujourd'hui gravés dans la mémoire
de leurs ennemis.

Kevenhuller à leur tête, recouvre l'Au-

(1) Marie-Chriftine, Archiducheffe d'Autriche,
eft née le 13 Mai 1742.

triche : Lintz & Paſſaw, arrachés des mains 23 Jan-
des François n'offrent plus qu'un tas de pierres vier.
& de cendres. La Baviere eſt expoſée à toutes les inſultes des vainqueurs. Mentzel ſe
préſente devant Munich, & Munich ouvre
ſes portes : la ville eſt rançonnée. Il ne reſte 1742.
aux habitans que le déſeſpoir d'avoir été les
victimes de la licence & de la cruauté d'une
milice effrénée. Un autre Partiſan, dont les
actions, comme celles de Mentzel, au-15 Sep-
roient pu être élevées au degré des vertus tembre.
militaires, ſi elles n'avoient pas toujours
été animées par l'eſprit de rapine & de féro-
cité, Trenck, déſoloit les frontieres du Haut-
Palatinat, paſſoit les vaincus au fil de l'épée,
& réduiſoit en cendres les Villes & les hameaux. Une nuée de Pandours, de Croates,
de Waradins, de Dalmates, tenoient conti-
nuellement en allarme les troupes Françoiſes,
Saxones & Bavaroiſes, coupoient leurs con-
vois, & travailloient à reconquérir les États
héréditaires, ſous les ordres du Prince Charles, de Nadaſti, de Lobkowitz, de Berink-
law, &c. Jamais on ne vit leur ardeur ſe réfroi-
dir. La Hongrie ne ceſſa de fournir annuellement, durant le cours de la guerre, un corps
complet de 40 mille hommes, des munitions

& des fommes gratuites. MARIE-THERESE, de fon côté, fenfible aux efforts généreux de ce Royaume, le combla de fes faveurs. Elle prit pour fa garde l'élite de la nobleffe Hongroife. Ses bienfaits & leur fidélité feront également connus de la poftérité, qui partagera fon admiration entre leur attachement inviolable & les fentimens d'une Reine, dont le dernier foupir fut pour eux un acte de reconnoiffance (1).

L'héritiere de Charles VI avoit en Angleterre, dans les négociations, la même fupériorité que fes Généraux avoient alors fur fes ennemis. Dans ces affemblées nombreufes qui repréfentent le chef & le corps d'une nation

_____

(1) En Mars 1743, MARIE-THERESE forma une nouvelle Compagnie de Gardes, compofée de Hongrois, vêtus felon le coftume de leur Nation.

On fait que deux jours avant fa mort, l'Impératrice fit écrire au Prince Efterhazy, Chancelier de Hongrie, pour le charger d'affurer fes fideles ,, fujets Hongrois de fa reconnoiffance, pour les ,, preuves multipliées de fidélité & d'attachement ,, qu'elle en avoit reçues, les priant de conferver ,, les mêmes fentimens à l'Empereur, fon fils & ,, fucceffeur.

nation libre, où le concours de tant de puiffances, l'oppofition de tant de vues & d'intérêts, rendent les fuffrages fi difficiles, & les
écueils fi redoutables, MARIE-THERESE n'eut
befoin que de fes vertus, de fes périls & de
fes talens, pour intéreffer tous les cœurs à fa
défenfe. „ Ni la juftice de notre caufe, écri-
„ voit-elle, ni les loix de l'équité, ni le bien
„ public de l'Europe, n'ont pu retenir ceux
„ que le defir de nous dépouiller de nos
„ Etats, arme contre nous. Les liens facrés
„ du fang ne font plus refpectés.: la recon-
„ noiffance des bienfaits eft étouffée : les pro-
„ meffes, les fermens, les engagemens les plus
„ folemnels font foulés aux pieds : la liberté
„ de la patrie eft opprimée par ceux-mêmes
„ qui devoient la défendre : & ce que les
„ fiecles précédens n'ont jamais vu, ce que
„ la poftérité aura peine à croire, c'eft que
„ le joug, auquel on veut affujettir la nation
„ Germanique, lui eft impofé par fes pro-
„ pres compatriotes (1)... Au feul mot de

_____

(1) Lettre de MARIE-THERESE au Roi de la
Grande-Brétagne, & aux Etats-Généraux des Provinces-Unies, datée du Mois de Février, 1742.

liberté, tous les efprits fermentent : la nation Britannique demande la guerre & accorde des Subfides abondans (1) : la Ducheffe de Marlborough ouvre une foufcription de cent mille livres Sterlings, & engage les Dames à la remplir : deux cens particuliers s'affemblent dans le *Strand*, & conceṛtent les moyens efficaces de foutenir une Princeffe, la gloire & le modele de fon fexe : un Panflet, qui dans pareille circonſtance, agit toujours fortement fur le peuple, donnoit un nouveau degré de chaleur aux efprits. Que dira la ,, poſtérité, fi elle apprend que le brave ,, Germain a été obligé de fe foumettre au ,, joug, faute d'avoir été fecouru efficace- ,, ment par les Anglois, ces défenfeurs na- ,, turels de la liberté publique ? Que dira- ,, t-elle, fi elle apprend que notre propre ,, intérêt, ni les Traités folemnels n'ont pu ,, nous y engager (2) ? ... Le Miniſtere fe-

(1) En 1741, les Subfides accordés à la Reine furent de 300 mille livres fterlings : en 1742, ils furent de 500 mille, &c.

(2) Lifez la lettre du 21 Avril 1742, écrite dans dans le Strand, à Londres, & *l'Expofé des Senti-* *mens* d'une Affemblée de plus de 200 perfonnes.

eondoit tout à la fois les intérêts de MARIE-THERESE & les paſſions du peuple. Il regnoit dans le cabinet des Puiſſances Maritimes un ancien ſyſtême politique, qui avoit pour but d'empêcher la Maiſon de Bourbon de s'agrandir, & la Maiſon d'Autriche de perdre aucun de ſes domaines. Le Lord Carteret, en conſultant ſon goût & ſon génie particulier, le faiſoit valoir au Parlement, annonçoit les dangers dont la liberté & la balance de l'Europe étoient menacés, & la néceſſité de rendre à la Grande-Bretagne, cet empire & cet aſcendant qu'elle avoit toujours eu dans les deux Mondes. Il eſt écouté. Seize mille Anglois paſſent la mer, & vont joindre en Flandre les Autrichiens, les Hanovriens, les Heſſois. L'armée, forte de 50 mille hommes, marche vers Francfort, ſous les ordres du Général Stairs. George II & ſon fils, le Duc de Cumberland, s'y rendent. La bataille d'Ettingen ſe donne : les alliés ſont victorieux, & cette journée fatale à l'Electeur de Baviere, en lui ôtant tout eſpoir de conſerver ſon empire, le laiſſoit, pour comble d'infortune, ſans argent & ſans crédit, au milieu de ſes

défenfeurs & de fes ennemis, dans la ville
même Impériale qui l'avoit vu couronner,
& dont il étoit encore le chef (1).

1743. La Hollande, autrefois fi prompte à prendre les armes contre la France en faveur de
la Maifon d'Autriche, héfitoit alors, & adop-
toit la lenteur raifonnée de cet illuftre Romain, qui par le grand art de temporifer,
fut fauver la République au moment de fa
chûte. D'un côté, MARIE-THERESE la pref-
foit de lui fournir des troupes, où le Subfide
annuel de 840 mille florins, ftipulé par
l'aĉte d'adhéfion à la Pragmatique-fanĉtion.
L'Angleterre, de fon côté, lui rappelloit les
Traités de Weftminfter qui les uniffent, la
prépondérance des Puiffances Maritimes, à
laquelle la Maifon d'Autriche avoit toujours
dû fa confervation, & l'Allemagne fa tran-

_____

(1) La bataille d'Ettingen, fur le Mein, fe donna
le 27 Juin 1743. Le même jour l'Eleĉteur de
Baviere arriva à Francfort, où le Lord Steirs, &
le Maréchal de Noailles fe trouvoient. Le Général François donna à l'Eleĉteur de Baviere 40 mille
écus pour faire fubfifter fa famille.

-quillité. La France exhortoit les Provinces-
Unies à voir tranquillement de leurs rivages
les tempêtes agiter les flots du Danube & du
Rhin : tantôt elle leur faifoit envifager la
gloire dont elles fe couvriroient en fe rendant les arbitres de deux grandes Puiffances
ennemies : tantôt, elle leur rappelloit l'in-
vafion de Louis XIV, & les mêmes dangers
qui les menaçoient, en époufant une que-
relle qui ne pouvoit que leur caufer du re-
pentir. La République n'étoit pas d'accord
avec elle-même. Le parti dominant vouloit
la guerre, le plus foible demandoit la paix ;
un troifieme méditoit un changement de Gouvernement, la création d'un Stadthouder.
Les Etats-généraux partagés par différens
principes, confumoient le temps en longues
délibérations & ne prenoient aucun parti.
Dans cet intervalle, le Baron de Reifchach
ne pouvoit leur arracher que par fraction
les fubfides que fa Souveraine attendoit. Les
Anglois, qui avoient befoin de leurs troupes
auxiliaires pour attaquer les frontieres de
France, alors fans défenfe, les reçurent
quand cette entreprife fut devenue imprati-

cable. Ils armoient contre le Roi de France,
& ils craignoient de l'aigrir. Ils faifoient la
guerre & ils députoient dans le même temps
à Louis XV, à la tête de fon armée en
Flandre, le Comte de Waffenaer, qui lui
demandoit la paix pour l'Europe. Enfin après
deux années de débats, la faction de la Maifon d'Autriche prévalut, & précipita les événemens. La Province de Hollande, & les
Etats-généraux, croyant le temps venu de
faire un pas décifif, fans rien rifquer, accor-
derent à la Reine de Hongrie un fecours de
vingt mille hommes, au préjudice des loix de
l'union & de l'unanimité des fuffrages. Quatorze mille, dit Voltaire, s'avançerent lente-
ment vers le Mein, pour aller joindre trop tard
les Anglois à Ettingen. Six mille pafferent
en Flandre pour remplacer les garnifons Autrichiennes; & ces mêmes Républicains, connus par leur circonfpection quand le danger
eft éloigné, furent les premiers à prendre la
réfolution hardie de rifquer une bataille pour
fauver une de leur Barriere, Tournai (1).

(1) Lifez à la Note R, les Articles des Traités

Deux Traités adroitement ménagés par la politique profonde de MARIE-THERESE, désarma deux de ses ennemis au milieu de leurs triomphes, & firent tourner contre ceux qui lui restoient, des forces destinées à la détruire. Le Roi de Sardaigne qui doit l'a-grandiffement de fes Etats aux divisions de la Maifon d'Autriche & de la France, avoit profité de ces momens de trouble pour ex-pofer fes droits fur le Duché de Milan. C'é-toit, dit l'Abbé de Mably, déclarer à toute l'Europe, qu'il vendroit fes fecours à la puif-fance qui en connoîtroit mieux le prix. Il balançoit fon union entre la Maifon de Bour-bon, dont il craignoit le voifinage, dans la perfonne d'un de fes Princes, déjà maître de Naples & de Sicile : & entre la Maifon de Lorraine, entée fur celle d'Autriche, qui poffédant à la fois le Milanez & la Tofcane,

1742.

1743.

de Garantie entre la Maifon d'Autriche, l'Angle-terre & les Provinces-Unies.

Lifez auffi les Mémoires du Baron de Reifchach, du Lord Steirs, du Marquis de Fénélon, préfen-tés aux Etats-généraux en 1742, 1743; & les Dé-libérations des Etats dans les mêmes années.

pouvoit lui ravir les terres qu'il en avoit ob-
tenues dix années auparavant (1). Mais un
Subfide annuel de deux cens mille livres
Sterlings que l'Angleterre s'engageoit de lui
donner : les opérations heureufes de la flotte
Angloife contre les Efpagnols dans la Méditerranée : la propriété du Pavefan & du
Vigevanafque que lui cédoit la Reine de
Hongrie, avec la promeffe d'entretenir en
Italie trente mille hommes, tant que la guerre
dureroit, acheverent de déterminer la Cour
de Turin à renoncer à fes prétentions, & à
garantir les poffeffions de MARIE-THERESE
en Italie, contre les deffeins de la Maifon
de Bourbon. La victoire remportée à Plai-
1746. fance par les Autrichiens : la prife de Modene, de la Mirandole, d'Afti, de Guaftalla,
de Cafal, de Parme, de Gênes, de Savonne
& de Final, par le Roi de Sardaigne, & le
Marquis de Botta, a fait voir le prix de fon

(1) Par les Traités de Vienne de 1736 & 1737,
Charles VI céda au Roi de Sardaigne les villes
de Tortone & de Novare, avec leurs territoires
démembrés du Milanez ; la Souveraineté des Lan-
ghes, &c.

alliance, en procurant à la Maifon d'Autriche des avantages bien au-dela de fes facrifices (1).

Le Traité de Breflaw arrêta, au moins pour un temps, le Roi de Pruffe dans le cours rapide de fes victoires. MARIE-THERESE voyoit avec inquiétude, au milieu de la Bohême, un de fes ennemis le plus redoutable, dont elle follicitoit la neutralité. Déja le Prince Charles avoit entamé le grand ouvrage de la paix, au quartier de Frédéric à Malefchaw. La Reine fentoit une répugnance invincible à démembrer l'héritage de fes peres : la crainte de plus grands maux la fit céder à la douleur de perdre la Siléfie & le Comté de Glatz, qu'elle fe promettoit peut-être de reprendre dans des temps plus heureux. Le premier effet que produifit cette nouvelle à Londres, fut de faire monter de trente pour cent les actions des fommes négociées en Angleterre par Charles VI. Le fecond fut d'affurer à la Hollande le remboursement des fommes prêtées au même Prince,

_____

(1) Voyez la Note S.

fous la garantie des Etats de Siléfie. Le troi‑
fieme fut de détacher la Maifon de Saxe du
parti des François, de lui faire mettre bas les
armes, & de ne lui donner pour réverfal
d'autres droits, que celui d'expeétative. Tous
les projets du Maréchal de Belle-Ifle furent
déconcertés. Les François découragés furent
forcés d'abandonner leurs poftes. Leur re‑
traite leur coûta autant de monde que la
perte d'une bataille. Le Siege de Prague fut
levé : la Bohême & l'Autriche rentrerent fous
la domination de leur légitime Souveraine :
Charles VII fut dévoué au mépris & à l'in‑
digence ; & la guerre allumée à trois cens
1744. lieues de nous, fut attirée fur nos frontieres.
C'eft alors que des nouvelles révolutions, opé‑
rées dans la politique, nous ont fait voir que
la Religion des Traités feroit toujours facrée,
fi la parole des Princes n'étoit pas toujours
liée à leurs intérêts, & leur honneur au bien
de l'Etat. Le Roi de Pruffe jaloux, ou plu‑
tôt inquiet des fuccès de la Cour de Vienne,
craignant de fentir le contre-coup des défa‑
vantages de la Maifon de Baviere & de la
France, jugea, que pour confolider les Trai‑

tés avantageux de Breſlaw & de Berlin, il étoit néceſſaire d'empêcher la Reine de Hongrie de devenir aſſez puiſſante pour oſer les violer. Il fit une irruption en Bohême, & la déſola de nouveau. L'Electeur de Saxe, Roi de Pologne, après avoir rompu le Traité qui l'uniſſoit au Roi de Pruſſe, attacha ſa fortune à celle de la Reine de Hongrie, par le Traité de Varſovie, qui lui accordoit, de la part de l'Angleterre, un Subſide annuel de 150 mille livres Sterlings, ſous la condition de fournir 30 mille hommes pour la défenſe de la Bohême. Ainſi l'union de Francfort arma de nouveau la moitié de l'Europe contre l'autre, & fut le contre-poids de la quadrupe alliance de Varſovie (*t*). Note.

Toutes les Puiſſances dans cette guerre étoient en allarmes. Naples, Florence, Modène, Gênes, Rome regardoient avec une triſteſſe impuiſſante les irruptions ſucceſſives des troupes Autrichiennes, Eſpagnoles, Françoiſes & Sardes qui vivoient aux dépens de leur territoire. La Maiſon d'Autriche avoit perdu cette ſouveraineté preſque illimitée que les Othons, les Frédérics, les Henris avoient jadis exercée en Italie & ſur le ſt.

Siege même. Elle ne conferve plus aujour.
d'hui que les titres pompeux de ce vafte do-
maine, dont une petite partie ne lui eft attachée que par le lien féodal (1). MARIE-
THERESE, qui vouloit affoiblir le parti de
la Maifon de Bourbon liguée contre elle,
conferver fes poffeffions en Italie, & l'équilibre qui ne s'y perd que par la réunion de
plufieurs États fous un même chef, avoit
befoin de l'alliance ou de la neutralité de
ces différens Princes, dont la politique pa-
cifique eft toujours accoutumée à recevoir la
loi de l'armée la plus puiffante, ou la plus
voifine. La plupart d'entre eux étoient neu-
tres en apparence, mais un petit nombre
l'étoit en réalité. Le Roi des deux Siciles en-
voyoit au Duc de Montemar des Régimens
Napolitains à la folde d'Efpagne : le Duc de
Modene étoit déja fecrettement du même
parti : Gênes penchoit pour eux : le Pape
avoit reconnu Charles VII pour Empereur.
La Reine de Hongrie fubjugue les uns par
la force, & gagne les autres par les charmes
de fon éloquence. Benoît XIV touché de la
fituation perplexe dont elle lui avoit fait la
peinture, adreffe un Bref au Clergé Séculier

_____
(1) Lifez la NOTE U.

& Régulier des Duchés de Milan & de Tofcane, qui l'exhorte à faire à cette Princeffe
un don gratuit proportionné à fes befoins (1).
Le Roi de Sardaigne, fon allié, s'empare du
Duché de Modene & le contraint à la neutralité. La flotte Angloife, aux ordres du Com-
modore Martin, paroît à la vue du Port de
Naples, & menace de bombarder la ville, fi le
Roi ne rappelle auffi-tôt fes troupes de l'armée Efpagnole. Le Général Nadafti force
Gênes, fait fa garnifon prifonniere de guerre, **1746.**
leve fur le champ une contribution de qua-
tre cens mille livres, exige de la banque une
nouvelle fomme de feize millions, qu'il auroit obtenue, fi les Autrichiens en abufant
des droits de la victoire, n'avoient pas trop
accablé un peuple Républicain, qui profita
de leurs fautes pour recouvrer fa liberté.

Il étoit plus difficile encore d'obtenir la
neutralité de cette République, compofée de

---

(1) Nous ne fommes point ici d'accord avec
M. de *Voltaire*, qui dit dans fon Hiftoire de la
guerre de 1741, que MARIE-THERESE a obtenu
au mois de Juin 1742, une Bulle du Pape, pour
lever la dixme des biens Eccléfiaftiques dans tous
fes Etats d'Italie.

tant de Souverains divifés d'intérêts & de culte, & fi fouvent ébranlée par leurs fecouffes. Le Corps Germanique étoit preffé de tout côté par les Puiffances belligérantes. Le Roi de Pruffe avoit pour lui la Baviere, le Palatinat & quelques Princes qui attendoient peut-être le moment de ne plus recounoître un chef fuprême, ou du moins de ne plus laiffer à ce chef l'autorité de fes prédéceffeurs. La Heffe étoit toujours prête à vendre fes foldats au plus offrant. Les Cercles du Rhin, de Souabe, de Franconie, les Villes Impériales étoient armées pour foutenir leur neutralité. Les Electeurs étoient intimidés par une faction puiffante, qui leur montroit, dans le plan de la Cour de Vienne, le defpotifme & la violence, dont elle ufoit dans l'Empire, pour ravir la plus noble des prérogatives aux membres facrés d'un college augufte, inftitué depuis un temps immémorial dans l'autorité d'élire fes Chefs. Malgré cette confédération, MARIE-THERESE avoit une puiffance prédominante en Allemagne. Le corps Helvétique lui-même, ennemi par conftitution de la Maifon d'Autriche, adopta la neutralité, en proteftant qu'il ne fouffriroit ja-

mais qu'on la faffe fervir au préjudice des intérêts de la Reine de Hongrie (1).

Tandis que MARIE-THERESE négociait avec
fuccès dans les Cours étrangeres, elle en-
flammoit par fa préfence le zele des Etats
d'Autriche & de Bohême. Affife fur un trône
environné de tout l'appareil de la fouveraineté, elle ne montroit que la tendreffe d'une
mere, qui mefuroit fes demandes, non fur
fes befoins, mais fur ce qu'il reftoit encore
de forces à fes enfans. *Elle fe promettoit,*
leur difoit-elle, *que ce qu'elle n'oferoit atten-
dre d'eux, feroit fuppléé par fes alliés.* Eh !
quelle douce émotion fon ame n'éprouvoit-
elle pas, lorfque fes peuples, épuifés par les
fubfides, lui répondoient, les yeux baignés
de larmes, ,, qu'ils déployeroient avec joie
,, toutes leurs forces, qu'ils facrifieroient fans

_____

(1) Lifez les Proteftations de la Cour de Vienne
contre l'Election de Charles VII en date du 23
Septembre 1743.
Lifez le Manifefte du Roi de Pruffe de 1744,
contre la Cour de Vienne.
Lifez les délibérations des Cantons Suiffes, af-
femblés à l'occafion de la Lettre de MARIE-THE-
RESE en date de Février 1745.

„ réferve leurs biens & leur vie, pour les
„ intérêts & la gloire d'une Princeffe ado-
„ rable, qui efface les Artémifes & les Zé-
„ nobies de l'antiquité; qui n'a rien de fon
„ fexe, que ces graces, cette beauté majef-
„ tueufe qui lui gagnent les hommages de
„ tous les cœurs, & cette heureufe fécon-
„ dité, don ineftimable du Ciel, qui fait ef-
„ pérer, que fon augufte Maifon fubfiftera
„ dans fon éclat jufqu'à la fin des fiecles (1).
Quelque temps après, on vit fortir des Mon-
tagnes du Tirol un corps nouveau de 12 mille
hommes, qui porterent dans les armées de la
Reine le coftume & le courage de leurs ancêtres. Ces payfans du Comté de Bregentz,
fe diviferent par compagnie de cent hommes,
dont chacune avoit un drapeau aux armes de
de la Maifon d'Autriche avec le nom de
MARIE-THERESE ; & cette devife qui leur
impofoit la néceffité d'être invincible : *fideles*
jufqu'à

---

(1) Lifez les Difcours prononcés à l'ouverture
de l'affemblée des Etats de la Haute & Baffe Autriche le 27 Novembre 1741, le 12 Novembre 1742,
& la réponfe du Maréchal de la Diete, le Comte
de Wihdifchgrats.

jufqu'à la mort pour le fervice de notre illuftre Souveraine.

Le Peuple Belgique , paffionné pour fes maîtres jufqu'à l'enthoufiafme, & capable de tous les excès dans fes affections, comme dans fes murmures, fignala fon dévouement & fa fidélité dans cette guerre & dans les deux autres qui troublerent le regne de MARIE-THE-RESE. L'Europe conçoit à peine, comment un peuple circonfcrit dans un petit efpace, qui a environ mille lieues quarrées de terres fufceptibles de produits ; qui né jouit que d'un commerce précaire & entravé, ait pu fournir en fubfides extraordinaires, pendant le cours de 40 ans, plus de cent millions de florins, pour foutenir les intérêts de MARIE-THERESE & la gloire de fon Empire (1). Animé par la flatteufe efpérance de voir fon féjour tranquille refpecté par les armes, il fe repofoit fur les vues bienfaifantes de fa Sou-

(1) Si l'on fait attention aux Bruyeres, aux Monta-gnes, aux Cahaux, aux Rivieres, aux Marais, aux grands chemins, on trouvera la vérité de cette affertion. Quant aux Subfides extraordinaires, voyez la Note V.

E

veraine , & fur les négociations d'un de fes
Miniftres , le Duc d'Arenberg , qui follicitoit la Cour de Londres ,de faire paffer au-
delà du Rhin fes troupes auxiliaires , afin
d'augmenter les forces de la Maifon d'Autriche en Empire , & d'éloigner la guerre des
cantons Belgiques. Leur efpoir ne répondit
point à leur attente. Ils ne purent conjurer
le fléau de Bellone. Les Alliés n'avoient aucun plan de campagne fixe & arrêté : on
prenoit Courtray , Ipres , Menin , Furnes , &c.
tandis qu'on délibéroit encore à La Haye :
les Généraux Anglois , Autrichiens , Heffois ,
Hollandois , défunis entre eux , ne pouvoient
donner à des corps féparés , cette force fupé-
rieure qui réfulte de leur harmonie. Bientôt
ces fameufes Barrieres , jugées indifpenfables
pour la confervation des Bataves , font fran-
1745. chies : les Villes confiées à leur garde par des
Traités folemnels , font emportées avec la
1746. même rapidité : les plaines de Fontenoy , de
1747 .Rocoux , de Lawfeldt font couvertes de
morts & de mourans : les eaux de la Meufe
& de l'Efcaut font rougies du fang des vain-
·cus & des vainqueurs : ces bronzes , dont les
flancs redoutables renferment la terreur & le
carnage , ouvrent tous les remparts , de Berg-

op-Zoom à Tournay, & d'Oftende à Maëf-
tricht : deux cents mille hommes de troupes
étrangeres, répandus fur quelques arpens de
terre, en dévorent la fubftance ; & ces mêmes Provinces, couvertes tour-à-tour de lauriers & de ciprès, foumifes tant de fois à de
nouveaux maîtres, femblent renaître chaque
jour pour nourrir la fureur du démon des
batailles ; femblables au deftin de l'infortuné
Prométhée, dont le foie renaiffant eft l'im-
mortel aliment du Vautour qui le déchire (1).

Cette guerre occupoit dix armées à la fois,
commandées par autant de Souverains, qui
hafardoient leur fang & leurs tréfors avec la
même égalité que ceux de leurs fujets. Le
flux & reflux de victoires & de défaites balançoit tour-à-tour le fort de leurs armes, & la
deftinée de MARIE-THERESE. La Bohême,
l'Autriche, la Baviere, le Palatinat, prefque tous les Etats d'Italie furent pris & repris
quatre à cinq fois de fuite. La Heffe avoit
fix mille hommes à la folde de l'Angleterre,

---

(1) On n'entre point dans le détail des combats
& des fieges, parce qu'il eft affez connu du Public.

les armes tournées contre trois mille autres qu'elle avoit à la folde de la Baviere. Charles Albert recevoit la couronne de l'Empire à Francfort, & les Autrichiens fe rendoient maîtres de tous fes Etats. Louis XV s'empa-roit de quelques villes de Flandre, & le Prince Charles franchiffoit le Rhin en Al-face & menaçoit la Lorraine. MARIE-THE-RESE crioit *vivat* à fon époux qu'elle voyoit entrer triomphant à Franfort, comme Paul-Emile à Rome, & Fréderic battoit les Au-trichiens en Bohême. Les Rois de France, d'Efpagne, de Pruffe, de Pologne, l'Elec-teur de Baviere, offroient leur crédit, leurs fecours, leurs armes & la paix à la même Reine qu'ils avoient voulu détrôner : la Cza-rine propofoit fa médiation : l'ennemi même du nom Chrétien, infpiroit des fentimens de paix & de réconciliation aux Cours Chré-tiennes (1) : & la Reine de Hongrie refufoit de fe prêter à une paix contraire à fa gloire & à l'intérêt de fes peuples. L'Europe voyoit la fortune changer de face ; mais elle ne vit

---

(1) Une des Epoques remarquables de ce fiecle eft celle du 10 Février 1745, où M. de Benckler, Réfident de Vienne à Conftantinople, fut invité à une Conférence chez le Grand Vifir, dans laquelle

jamais MARIE-THERESE changer de vertu. Tel ce chêne du Mont Appenin, dont les racines profondes tiennent au centre de la terre, & dont la cîme fe perd dans les nues, qui battu par tous les vents déchaînés contre lui, perd quelques-unes de fes feuilles, plie pour un moment, fe releve enfuite avec force, vainqueur du temps & des Aquilons.

Le Traité d'Aix-la-Chapelle fufpendit enfin, au Temple de Janus, les cruels inftrumens, inventés par les homms, pour leur mutuelle deftruction. Il n'en coûta à MARIE- THERESE, pour faire de la Pragmatique-fanction, une loi générale & authentique de l'Europe, que le facrifice de quelques petits Etats dont la perte ne l'a point affoiblie. Alors l'Empire goûta ce calme heureux que l'ame éprouve, lorfqu'après avoir frémi pour le fort d'une Reine opprimée, on l'apperçoit enfin fortir victorieufe du fein des hafards. Il fe plut à la contempler au milieu des loifirs d'une vie tranquille, & à voir fur

1748. 18 Octobre.

---

il fut chargé d'annoncer à MARIE-THERESE l'offre de médiation, que lui faifoit le Grand Sultan, Mahomet.

E iij

ſes vertus paiſibles, le reflet de la gloire dont elle s'eſt couverte durant la guerre.

Quoique les Traités impoſent la loi de la paix aux Nations ennemies, l'expérience apprend que les engagements d'amitié réciproque qui les lient, ne ſont que paſſagers, ſur-tout dans ces Etats que la ſituation contiguë des Domaines, la rivalité, la concurrence rendent ſuſpects les uns aux autres. Le principe politique, qui fait *du ſalut du peuple la loi ſuprême,* invite en même-temps les Puiſſances à ſe tenir toujours armées, ou pour ſe défendre contre le premier agreſſeur, ou pour lui montrer des forces aſſez reſpectables pour le contenir dans ſes bornes. MARIE-THERESE forma donc le projet d'aſſeoir l'Etat militaire ſur une baſe fixe & permanente, & de conſerver ſur pied dans ſes Etats 180 mille hommes de troupes réglées. Le Comte de Haugwitz eut le mérite de l'invention du plan & celui du ſuccès.

En jettant un coup d'œil ſur la forme de l'entretien des troupes, il avoit trouvé que la ſomme annuelle fournie par les Etats-Héréditaires, ne montoit, il eſt vrai, qu'à 9 millions 208 mille 586 florins, en rétribu-

tions ordinaires ; mais que les dépenfes acci-
dentelles, défignées fous le nom de *Service*,
les portions de pain & de fourrage, le loge-
ment des troupes, les étapes, les recrues,
les chevaux de remonte, que les habitans des
villes & des campagnes étoient obligés de
fournir, égaloient la fomme principale. Il
fit fon étude d'une opération plus fimple &
moins frayeufe, qui fut concilier les intérêts
du Souverain avec ceux du peuple. Un cal-
cul précis lui montra, pour l'entretien de 180
mille hommes, un befoin annuel de 15 millions de florins. Il en établit le fonds fur
une taxe, proportionnée aux Revenus & aux
charges de chaque Province. Elles eurent
chacune en particulier une caiffe militaire
pour pourvoir aux befoins du foldat. On
conftruifit des Cafernes dans les villes de garnifon : le peuple fut libéré du poids irrégu-
lier des dépenfes cafuelles, & comme c'eft
le fort de tous les projets, d'être fujets par
le laps de temps, à une viciffitude attachée
à l'inconftance de nos mœurs, la fageffe de
Marie-Therese en foumit l'exécution à une
épreuve de dix années (1).

_____

(1) Lifez le Réglement pour l'Etat militaire du
mois de Septembre 1748.

1750. Les jours de paix lui laifferent auffi le temps
de créer une nouvelle Conftitution Militaire,
d'après les deffeins des nouveaux Epaminondas qu'elle attacha à fon fervice. Les troupes
furent dreffées à des manœuvres, dont la cé-
lérité & la jufteffe leur donnent dans le développement, cette force d'impulfion capable d'ébranler les colonnes les plus folides,
ou d'en foutenir le choc le plus impétueux.
On vit regner dans les Armées ce méchanif-
me, cette fubordination, cette difcipline qui
fait mouvoir pour la défenfe de la patrie &
pour la gloire des Rois, cette multitude
d'hommes, qui, confidérés dans leur enfemble, forment le fpectacle le plus fier & le
plus impofant, & qui pris en particulier, ne
préfentent, pour la plupart, que le rebut
des Nations. De fréquens exercices, en te-
nant le foldat en haleine, lui rappellent l'i-
mage des évolutions d'une armée hoftile, &
le difpofent à entrer en campagne au premier fignal. L'artillerie fut renouvellée. On
vit fortir des forges de Vienne & de la Stirie
ces foudres de guerre, femblables à celles
que Vulcain préparoit dans le Mont Etna,

pour écraſer les Titans. L'art d'attaquer les
places & de les défendre étoit peu connu en
Allemagne. On y manquoit de bons Géome-
tres & de bons Ingénieurs. On avoit vu , au
ſiege de Prague de 1742 , ſoixante mille Autrichiens aſſiéger une armée de 28 mille hommes , ſans pouvoir s'oppoſer à des ſorties
journalieres , qui mirent hors de combats plus
de trois mille aſſiégeans. MARIE-THERESE
eut la gloire de former un corps de Génie,
qui dans les dernieres guerres , a prouvé ſes
talens par ſes ſuccès.

Les Académies Militaires de Vienne , de
Neuſtadt , d'Anvers , inſtituées en faveur de
la Nobleſſe , & des enfans , dont les peres
ont ſacriflé leurs biens & leurs jours au ſer-
vice de l'Etat , ſuffiroient pour immortaliſer
le Regne de l'Impératrice , ſi à la faveur de
leur avoir donné naiſſance , elle n'avoit encore ajouté celle de les perfectionner. Sa pré-
ſence faiſoit éclore les talens : ſes libéralités
les échauffoient. Souvent elle excitoit l'émulation des éleves , en leur montrant les progrès d'un jeune Neſtor , ſon fils auguſte ,

qu'ils ont aujourd'hui pour maître, comme l'oifeau de Jupiter apprend aux Aiglons à s'élever dans les airs & à fixer le foleil. (1)

Si l'on compare l'Etat militaire de Charles VI, qui n'avoit pas, fur la fin de fes jours, quarante mille hommes fur pied, avec les forces actuelles de la Maifon d'Autriche, réunies dans quarante Légions, (la Légion à fix mille hommes) commandées par un Guftave-Adolphe, & par des Généraux couverts de lauriers, on verra que MARIE-THERESEB a fait dans fes Etats-Héréditaires, ce que Frédéric a fait en Pruffe & le Czar en Ruffie. De plus, elle opéra dans les Finances, le Commerce, les Manufactures & les Arts, la révolution que l'on vit en France fous les Sullis, les Colberts & les Louvois.

---

(1) On fait que S. M. l'Empereur, & les Archiducs, foutenoient des Exercices fur les Langues, l'Hiftoire, les Mathématiques, &c. &c.

Le College Théréfien fut inftitué en faveur de la Nobleffe en 1750. L'Ecole Militaire de Neuftadt, pour 200 Cadets en 1754.

L'Académie Militaire d'Anvers, en 1776.

Dans un temps, où les peuples foulés par tous les genres d'exactions, avoient besoin des douceurs de la paix, pour réparer les malheurs de la guerre, & sentir l'allégement des impôts : où les Finances épuisées, étoient abandonnées, pour surcroît de calamités, à la discrétion des Publicains, qui avoient su profiter des momens de trouble, pour décupler les leurs : où, des capitaux levés à six, sept, huit pour cent, en Angleterre, en Allemagne, en Hollande, en Flandre, affoiblissoient la Banque de Vienne, chargée d'en payer les intérêts ruineux, dont elle devoit même plusieurs années d'arrérages : dans un siecle, où le goût des conquêtes, le desir d'agrandir la Nation, force tous les Souverains de l'Europe, à augmenter leurs armées & les frais nécessaires à leur entretien ; comment trouver tout à la fois le moyen de soulager les peuples, de liquider les dettes de l'Etat, & d'accroître les revenus publics ?

La premiere ressource de MARIE-THERESE fut celle des Gouvernemens anciens, qui faisoient avec leur parcimonie, des prodiges

que les modernes ne font pas avec leurs tréfors. La frugalité dans le comeftible ; la modération dans les defirs ; la fobriété dans les
fantaifies de luxe ; une réforme exécutée fa-
gement dans le faftueux domeftique de la
Cour, fervirent de bafe à fon plan d'économie.
Les Finances furent confiées à des mains in-
tegres : le nombre des Regiffeurs & des Prépofés au recouvrement des deniers publics,
réduit au fimple néceffaire ; on adopta une
nouvelle méthode de lever les taxes, qui
donne plus d'égalité & plus de facilité dans
la maniere de les payer & de les percevoir :
de fages Réglemens ordonnerent à ceux qui
vivent des bienfaits de l'Etat, de faire cir-
culer dans cet Etat même, en y demeurant,
des fommes qui, diffipées ailleurs, feroient
perdues fans retour ; des Loix Somptuaires furent établies fur les lambris dorés, & fur toute
cette brillante écorce de la frivolité, qui ab-
forbe la matiere premiere des Efpeces Numé-
raires, & qui obftrue les vaiffeaux de circulation : une Réduction dans les rentes fut faite,
en refpectant toujours le droit de propriété,
le plus facré de tous les droits de citoyens,
en laiffant aux actionnaires le choix de reti-
rer leurs fonds. Le crédit de la Banque aug-

menta par la bonne foi de cette operation,
& par les hipotheques que l'Impératrice af-
feéta, en faveur des intéreffés, fur les droits
d'entrée & de fortie des Etats d'Autriche &
de Hongrie : les Efpèces d'or & d'argent, dénuées de poids & de valeur, introduites dans
le commerce par l'avidité des agioteurs, furent profcrites, & les nouvelles furent réglées
dans leur cours : l'influence dans les affaires
publiques, accordée à chaque particulier des
pays d'Etats, dans un degré proportionné à
fon intérêt & à fa condition, infpira la plus
grande confiance aux contribuants, & les
confola de la dureté des impofitions par la
fûreté de l'emploi : les mines d'or, d'argent,
de cuivre & de fer, de Hongrie, de Bohême, de Tofcane, dirigées par d'habiles Mi-
néralogiftes, furent exploitées avec fuccès, &
donnerent des produits abondans : bientôt les
revenus doublés des Etats-Héréditaires, furent
portés à 38 millions de florins de rentë. (1750)
Le rembourfement des emprunts fut avancé
de 12 ans. (1753) La dette des fommes négociées en Hollande, fous la garantie des Etats
de Bohême, s'éteignit infenfiblement. La
Banque de Vienne acquitta les intérêts au
terme fixe avec les arrégages, fe libéra des

capitaux les plus onéreux, & ne reçut plus
d'argent qu'à raifon de 4 pour cent. (1754)
Alors, le crédit croiffant avec les revenus,
& l'intégrité de l'adminiftration avec l'économie, les Finances atteignirent ce degré de
folidité & de fplendeur, qui fait l'étonne-
ment de toutes les Puiffances de l'Europe (1).

La Reine trouva, dans le Commerce, des
reffources affez puiffantes pour prévenir tous
les befoins publics, fans toucher aux biens
des particuliers. Souveraine d'un vafte Empire, dont l'intérieur eft arrofé par le Danube, la Drave, la Save, l'Elbe, l'Oder,
& dont les frontieres font en parties baignées
des eaux de la Méditerranée, de l'Adriati-
que, & de la mer d'Allemagne, elle fut profiter des fecours que lui offroit la nature, pour

_____

(1) Lifez l'Ordonnance du mois de Novembre
1749, qui défend l'achat des bijoux, pierreries, &c,
l'ufage des fines dorures, &c. &c.
Lifez celle du 19 Juillet 1749, fur les Monnoies.
Celle du 5 Juillet 1754, qui regle la forme d'Ad-
miniftration du Gouvernement de la Province de
Flandres.
Lifez les différentes Publications de la Banque
de Vienne, des années 1750, 1752, 1753, 1754.
Lifez l'Ordonnance de 1749, fur les Penfions.

faire valoir ceux de l'art & de l'induſtrie.
Déja Charles VI avoit rendu la vie à ſes
Etats ſitués à l'eſt du Golfe de Veniſe, en
établiſſant, dans la preſqu'iſle de l'Iſtrie, une 1728.
Compagnie du Levant, & en pratiquant des
routes pour faciliter en Croatie, en Eſclavo-
nie, en Hongrie, en Autriche, en Bohême,
le tranſport des marchandiſes & des denrées
d'Italie. Ses eſſais furent perfectionnés. Les
ports de Trieſte & de Fiume furent ouverts
aux négociants de toutes les Nations & de
toutes les Religions : ils furent encouragés
par des Privileges : on y établit des Manufactures de Tabac, & une Rafinerie de ſu-
cre, la plus conſidérable de l'Europe ; & la
Flandre vit dans ſes Ports, des navires de
Trieſte & de Fiume, chargés des productions
de la Hongrie.

La Toſcane revit les jours fortunés des
Coſmes & des Médicis. Son commerce étoit
dans un état de langueur ; il fut ranimé. Le
grand Duc acheta des Régences Barbareſ-
ques, accoutumées à vendre toujours leur
amitié fort chere, la liberté d'arborer ſûre-
ment ſon pavillon dans la Méditerranée,
les Mers adjacentes, & dans les ports d'Al-

ger, de Tunis & de Tripoli. On vit à Livourne, à Florence, des Compagnies étendre
le commerce de la Toscane dans les Echelles
du Levant, aux Indes Orientales, & posséder
des Loges, des Factories sur la côte de Coromandel. Un Traité conclu entre la Cour
de Florence & celle de Modene, facilita le
Tranfit des marchandifes tranfportées de Livourne dans le Milanez, & rendit à ces trois
Duchés leurs productions communes (1).

La Bohême & la Siléfic firent defcendre
fur l'Elbe jufqu'à Hambourg, le produit de
leur fol & de leur induftrie; & leurs navires
rapporterent en échange les richeffes de cette
Ville Anféatique, & celle de la Saxe. Le
commerce des Pays-Bas prit un nouvel ordre d'exiftence, par les communications directes que le Miniftere fit ouvrir de toutes
parts avec les Etats voifins; & fur-tout par ces
Canaux,

___

(1) Lifez le Traité de Commerce du 7 Octobre
1748, conclu entre François I & les Etats de Barbarie.

Lifez le Traité de Commerce conclu en 1754,
entre les Régences des Duchés de Tofcane, de
Modene & la Lombardie Autrichienne.

Canaux, Ouvrage de la fortune & de l'art, qui apportent aux pieds des murs de nos Cités, les richeffes des deux Indes (1).

L'établiffement des Manufactures fut une nouvelle fource de profpérité pour l'Etat. Les facultés intérieures de l'Empire fe trouvoient affoiblies par les fommes immenfes que les ennemis avoient fouftraites, par celles que les Fabriquans étrangers enlevoient tous les jours, & par l'inaction d'une population nombreufe. L'Impératrice fentoit la néceffité de conferver dans fes Etats le Numéraire qui reftoit, d'améliorer, par le travail, la condition de l'Artifan, qui contribue aux charges publiques, & d'éviter la ruine totale du commerce, qui doit bien plus fon exiftence aux forces déployées de l'induftrie, qu'à la fécondité du fol. Elle appella, par l'attrait des récompenfes, tous les Etrangers capables de feconder fes vues, & d'apporter des lumieres & des connoiffances dans fes Etats - Héréditaires. Alors on vit fleurir à

(1) Le Canal de Loúvain, commencé en Février 1750, fut ouvert en Décembre 1752, & le Canal de Gand à Oftende, par Bruges la même année & le même mois.

F

Vienne les Manufactures de draps, de por-
celaine, de glaces, d'étoffes de foye imitées
de celles de Lyon. La Hongrie tira, par la
voye de Triefte & de Fiume, de laines de
l'Albanie, de Barbarie & d'Efpagne, pour fa-
briquer des draps, dont le mécanifme étoit in-
connu aux Hongrois. On établit des foires, à
Vienne, à Brinn, à Troppau, à Glatz, à Lintz,
&c. On créa un College de commerce, pré-
fidé par le Comte de Choteck. Il interdit l'entrée des étoffes & des ouvrages d'or & d'argent, fabriquées en Pays étrangers. Il diftri-
bua des primes à tous ceux qui feroient fleurir, au plus haut dégré, les Manufactures
nationales, elles fuffirent bientôt à la confom-
mation intérieure; & les Imitateurs dans les
Arts fe mirent au pair de leurs modeles (1).

La protection finguliere que MARIE-THE-
RESE accorda aux établiffemens des familles
de la *Confeffion d'Augsbourg*, aux Huffites,
aux Freres Moraves, à l'ancien Peuple de la
Judée, fait autant d'honneur à fes foins ma-

_____

(1) Lifez l'Ordonnance de MARIE-THERESE de
1749, fur les Manufactures. Lifez le Traité de
Commerce de 1752, entre l'Autriche & l'Efpagne.

ternels, qu'à cette vertu de charité, qui ne
fait acception de perfonne, qui voit dans
des hommes partagés avec nous de fentimens
& de Rit, des êtres crées, comme nous, à
l'image de Dieu & à fa reffemblance.…Mais
laiffons parler l'Oracle même de la Toléran-
ce.… ,, Pénétrée des devoirs que nous im-
,, pofe la qualité de Princeffe Chrétienne,
,, Nous abhorrons du fonds de notre cœur
,, l'impiété du Matérialifme & du fyftême des
,, indifférens, qui malheureufement ne fait,
,, de nos jours, que trop de progrès. Nous
,, n'aurons jamais à nous reprocher de l'avoir
,, toléré dans nos Etas, quelque mafque qu'il
,, emprunte des déhors de l'une ou de l'au-
,, tre Religion. C'eft avec la même fincé-
,, rité, que nous reconnoiffons, que la vio-
,, lence dans les matieres qui appartiénent
,, à la foi, ne fauroit être un moyen d'ame-
,, ner les efprits à la conviction. Ce doit
,, être l'ouvrage de la grace divine, en l'af-
,, fociant à des inftructions dictées par la
,, douceur, par la patience, & fortifiées par
,, l'exemple des bonnes œuvres.… Tout zele
,, qui s'éloigne de ces principes, fera tou-
,, jours défaprouvé par Nous, & réprimé avec

„ foin , lorfque les effets s'en feront remar-
„ quer foit à notre Cour, foit dans quelque
„ lieu que ce foit de nos Etats (1).

. Les Sciences & les Arts, enfans de l'abondance, de la paix & de la liberté, attendoient les regards bienfaifans du Souverain,
qui les échauffe & les fait germer. C'eft à
leur culture que la Grece & Rome dûrent ce
vif éclat, dont nos yeux font encore éblouis.
La fociété leur doit la civilité des mœurs &
la fûreté des poffeffions dont elle jouit à l'abri
des Loix : ils aident à la gloire & à l'immortalité des grands hommes. Un gouvernement
Européen qui les négligeroit, fe verroit bientôt
arriéré d'un fiecle à l'égard de fes voifins, &
précipiteroit la Nation dans l'abrutiffement,
& les vices qui préparent les voies au fana-
tifme, à la fuperftition, à la barbarie. Le génie
Créateur de MARIE-THERESE embraffa tous
les plans qui pouvoient contribuer à étendre la
fphere des connoiffances dans fon Empire. Elle
érigea des Académies, des Univerfités, des
Colleges, elle fonda des Chaires pour la Théo-

---

(1) Lifez le Refcrit de MARIE-THERESE, du
17 Septembre 1753, au fujet des Proteftans, publié à la Diete de l'Empire, la même année.

logie, le Droit, la Chimie, la Médecine, la Botanique : elle dota des Ecoles pour les leçons gratuites des Langues Orientales, pour le Deſſin, la Peinture, &c. &c. Les Biblotheques de Prague & d'Inſpruck furent formées des livres doubles de la Bibliotheque de Vienne, l'une des plus célébres de l'Europe, & riche de plus de cent mille volumes. On vit à Vienne, à Grætz, à Tyrnau, à Cremſmunſter, des Temples ſuperbes élevés à Uranie, enrichis de Téleſcopes, qui découvrent le ſecret des Cieux aux Hells, aux Boſcovichs, aux Halloiys, aux Tirnbergers, aux Lieſganiggs (1). Et qui ne ſeroit touché de voir une Reine, honorer tous les Arts d'utilité & d'agrément, & acquitter par des bienfaits, la reconnoiſſance qu'elle devoit aux talens précieux des Van Swieten, des Storcks, des Wenzels, des Métaſtaſes, des Chapelains, des Duvals, &c. &c. &c.

Jamais l'Empire n'avoit vu luire de plus

---

(1) L'Obſervatoire de Grætz, en Styrie, fut élevé en 1745.

Celui de Tyrnau, en Hongrie, en 1754.

Celui de Vienne en 1755, dans le même temps que le bâtiment de l'Univerſité.

F iij

beaux jours. Les finances de l'Etat enrichies, sans avoir appauvri celles des particuliers, étoient réglées dans leur circulation, comme le sang que la sage économie de la nature distribue dans tous les vaisseaux du corps humain, pour lui donner la nourriture & la vie. L'Agriculture encouragée, répandoit sur le cultivateur les fleurs & les fruits de Cérès. Le Commerce florissant s'étendoit avec la science des spéculations productives. L'indigent & l'infirme trouvoient un asyle dans ces établissemens, élevés par la sensibilité & la munificence de leur Souveraine. Cette classe illustre de citoyens que les prérogatives de la naissance rendent souvent plus malheureux & plus à plaindre que le commun des hommes, se consoloit des rigueurs de la fortune, à l'aspect des temples religieux que la bienfaisance lui ouvroit (1). Les Beaux-Arts semoient les graces & les ris sur les objets qu'ils atteignoient de leurs regards. On voyoit entre tous les membres de l'Etat, cette correspon-

_____

(1) Le Chapitre noble de Prague, composé de trente Chanoinesses fut fondé en 1753. Celui d'Inspruck fut fondé pour douze Chanoinesses en 1765.

On connoit toutes les fondations faites par MARIE-THERESE, en faveur des Pauvres, des Veuves d'Officiers, &c.

dance, cette félicité, cette union mutuelle qui reffembloit à celle d'une famille nom-breufe, dont MARIE-THERESE étoit la mere, lorfque des troubles fufcités au Nord de l'A-mérique, rallumerent la guerre en Allemagne.

· Alors deux Miniftres célebres formerent un plan d'Alliance entre deux Nations puif-fantes, qui dans leur premiere origine ne faifoient qu'une. Le troifieme fiecle s'écou-loit depuis le moment où la rivalité des au-guftes Maifons d'Autriche & de France avoit commencé d'enfanter les calamités de l'Eu-rope, & d'entraîner dans leur tourbillon les Puiffances fubalternes. On avoit vu, fous Charles-Quint, la Maifon d'Autriche difpu-ter aux Bourbons l'héritage des Valois, & arborer fes drapeaux dans Soiffons. La France venoit d'ébranler le Trône de l'Empire; elle en avoit pofé la Couronne fur la tête d'un Electeur. Dans cette action & réaction de difgraces alternatives que l'Europe innondée de larmes & de fang, voyoit fe reporter de la France fur l'Empire, & de l'Empire reve-nir fur la France, le Cardinal de Bernis & le Prince de Kaunitz méditoient des deffeins de Paix. Le temps vint d'annoncer à toutes les Puiffances, qu'il ne feroit plus donné à

l'une des Maiſons rivales de prévaloir contre
l'autre; que ces deux grands Arbres à l'ombre deſquels le Danube & la Seine roulent
leurs flots, ne plieroient plus ſous la violence des ouragans déchaînés contre eux tour-
à-tour: Que ce n'eſt point ſur l'équilibre imaginaire de leur Puiſſance, mais ſur leur con-
corde, que leur prééminence & leur ſûreté
commune doivent repoſer avec la félicité publique. Le ſang des THERESES uni à celui
des LOUIS, cimenta la foi de cette Alliance,
qui étouffe à jamais toutes les guerres ſan-
glantes, dont l'himen de Maximilien & de
Marie de Bourgogne fut le principe & la
ſource (x).

Le Traité de Verſailles étonna les Nations
& renverſa tout le ſyſtême politique. L'Angleterre qui s'étoit montrée l'amie décidée
de la Maiſon d'Autriche, dans la derniere
guerre, devint dans celle-ci un de ſes plus
dangereux ennemis. La France, la Saxe, la
Ruſſie, la Suede, s'unirent pour rendre à
MARIE-THERESE la Siléſie dont Frédéric l'a-
voit dépouillée. L'Empire entier arma pour
ſa défenſe, & pour la ſûreté publique. La
Hongrie & ſes Bannats mirent cent mille
hommes en campagne. La Reine, durant la

paix, avoit fait de ses sujets autant d'heureux ;
la reconnoissance en fit autant de héros durant la guerre. Jamais on ne livra tant de
batailles : jamais on ne vit les Autrichiens com-
mander tant de fois à la victoire, l'appeller
& la fixer sur leurs drapeaux.

Le Roi de Prusse fait une irruption subite
en Saxe, l'épuise d'hommes & d'argent, &
se fraye un chemin directe en Bohême. Brown
est la premiere barriere qui l'arrête, & le pre-   1756.
mier Général Autrichien qui partage avec lui
les lauriers de Lowositz. Les Prussiens blo-   10 Oct.
quent & bombardent la Capitale de la Bo-
hême ; elle alloit se rendre à discrétion:
Daun, (dont l'Ordre Militaire de MARIE-
THERESE rappelle & perpétue les talens & la
valeur) Daun paroît & fait, à Chotemitz,
le premier essai de ses forces, contre celles
du Roi de Prusse : il repousse, culbute &
taille en pieces son armée rangée en bataille ;
leve le siege de Prague ; sauve le Prince
Charles, la Bohême & l'Allemagne ; & rend
aux troupes de la Maison d'Autriche cette
supériorité & cette confiance, que la réputation des victoires multipliées de Frédéric leur
avoit fait perdre. Ce nouveau Fabius ne cessa
tout le temps de la guerre de triompher de son

rival. Il le force en Moravie de lever le fiege d'Olmutz : en Luface, il le bat complettement à Hoch-Kirken : deux fois en Saxe, il le défait à Maxen & à Siplitz : par-tout il lui arracha des drapeaux, & jamais ne lui en rendit aucun.

Sous Daun, les Minucius apprirent à combattre & à vaincre. Les Autrichiens ravagoient le Duché de Magdebourg : le Prince Charles entroit triomphant dans Breflaw : le Général Nada?: s'emparoit de Schweidnitz ; & le Roi de Pruffe inquiété de toutes parts, voyoit la Siléfie prête à retourner à fes premiers Maitres. Berlin même fut deux fois au pouvoir des Généraux Haddick & Lafcy. Loudhon, à qui fon fiecle a donné le furnom de *Brave*, fe trouvoit partout, commandoit en Général, & fe battoit en Soldat. A Domftatt, il fondoit fur un convoi Pruffien & renverfoit quatorze mille hommes qui l'efcortoient : à Hoch-Kirken il fe rendoit maître des hauteurs, d'où dépendoit le fuccès de la bataille : à Landshut & à Cunersdorf, il abattoit les phalanges de Frédéric, qui voyant fes troupes à la feptieme fois revenir chancelantes au combat, leur dit d'un ton de véhémence ; *Voulez-vous donc vivre éternellement,*

Tant de brillans fuccès, terminés par la
derniere expédition de Loudhon à Schweidnitz, qui ravit au Roi de Pruffe trois mille
hommes de garnifon, deux cens pieces de
canons, & des magazins immenfes, firent
éclat en Europe. On vit dans la Maifon
d'Autriche, des Généraux dignes d'être les
rivaux des Frédérics & des Henris : on vit
dans la valeur & dans la difcipline de fes
troupes, des forces capables de mettre un
frein aux projets ambitieux de fes ennemis ;
& le chef fuprême qui les commande aujourd'hui, eft le *palladium* auquel étoit attachée la deftinée de Troye, qui fut triom-
phante & fortunée, auffi long-temps qu'il fut
l'ornement de fes murs.

1761,
10 Octob.

Le traité de Hubersbourg remit l'Allemagne fur le même pied où elle étoit avant la
guerre. Les Généraux Autrichiens, fiers de
leurs Trophées, retournerent à Vienne comp-
ter leurs victoires, comme Annibal comptoit
à Carthage les anneaux des Chevaliers tués à
la bataille de Cannes. MARIE-THERESE, en
les comblant de bienfaits, les décora des mar-
ques glorieufes d'un ordre, auquel elle venoit de donner fon nom, comme autrefois
la Grece ceignoit de la *couronne de l'expé-*

1763.
15 Fév.

rience militaire le front des Epaminondas &
des Philopœmens (1).

Mais hélas ! qu'il en coûtoit à la Religion
& à la fenfibilité de MARIE-THERESE , pour
remporter des victoires ! Quel trifte fouvenir,
l'art funefte & néceffaire de la guerre ne laif-
foit-il pas imprimé dans fon ame ?... Des lauriers teints du fang des plus généreux Citoyens : l'élite de la Nobleffe précipitée dans
le tombeau : les campagnes défertes : les Villes dépeuplées : des jours de triomphe voilés
des nuages obfcurs de deuil : les cris per-
çants des veuves , des orphelins qui rede-
mandent un époux, un pere : des peuples
épuifés : (2) les Arts fans émulation : le Commerce languiffant : des tas de cadavres amon-
celés les uns fur les autres : des bleffés , qui
perdent la vie dans de nouveaux tourmens,

---

(1) L'Ordre militaire de MARIE-THERESE fut
inftitué le 18 Juin 1757, à l'occafion de la victoire
remportée fur le roi de Pruffe , à Chotzemitz , par
le Maréchal Daun.

(2) La guerre de 1756 , augmenta la dette na-
tionale , en Angleterre , de près de 75 millions de
livres fterlings -- En France , les dépenfes extraordinaires ont été évaluées à un milliard , 137 millions , 548 mille , 261 livres Tournois.

en appellant la mort trop lente à venir : Quel
fpectacle pour l'humanité ! Ne fuffit-il donc
pas aux mortels, d'avoir tous les élémens à
combattre, fans fe donner un fléau meur-
trier, qu'il eft à leur pouvoir de s'épargner.

L'Impératrice, dans les dernieres années
de fon regne, fit confifter fa fageffe à éviter la guerre, & à fe mettre en état de ne
pas la craindre. Elle favoit que l'efprit de
conquêtes & la terreur des armes, ne donnent qu'une gloire paffagere, toujours ache-
tée au prix du fang des Peuples, & toujours
fuivie de l'affoibliffement de l'Etat. Elle fit
du Commerce & de l'Agriculture le principal
reffort de fa politique, & le nerf de la guerre
& de la paix. Les revenus publics augmen-
terent fous l'adminiftration du Comte de
Zinzendorff : la difcipline militaire fut per-
fectionnée par les talens du Maréchal de Lafcy (1). Elle mit la derniere main aux établiffemens, aux inftitutions, aux Loix, qui rap-
péllent les lumieres des Solons & des Licur-
gues. Des Sénateurs célebres, dont les noms
feront époques dans l'Hiftoire de la Magiftra-
ture, décorent le Temple de Thémis. Les

_____

(1) Note (y). --- Etat militaire de 1765.

Ecoles publiques, les Beaux-Arts animés par
les récompenfes, illuftrés par le favoir &
le goût , font revivre le fiecle d'Augufte.
Tout, en un mot fut frappé au coin de l'immortalité, fous l'Empire de Marie-Therese.

A l'aurore de fon regne, on avoit vu le
trône de fes ancêtres chanceler fous fes pas ;
au déclin de fes jours , on le vit inébranla-
blement fixé fous ceux de Jofeph II. La Maifon d'Autriche , prête à s'éteindre , n'avoit
plus qu'un fouffle de vie, qui refpiroit dans
l'héritiere de Charles VI; & on la voit re-
naiffante dans onze flambeaux, qui en per-
pétuent la lumiere. Les Puiffances rivales de
fa gloire, l'avoient félicité, fous Maximilien,
d'avoir augmenté par fes alliances, des domaines qui ne s'acquierrent d'ordinaire que par
les armes : (1) Elles fe félicitent aujourd'hui
de partager leur fceptre, avec les enfans au-
guftes de Marie-Therese. Jofeph II occupe
le trône des Céfars : Antoinette eft affife fur
les fleurs de lys : Léopold porte la couronne
des Médicis : Naples & Sicile, Parme & Plai-

(1) *Bella gerant fortes , tu felix Auftria nube ;*
Nam quæ Mars aliis , dat tibi regna Venus.

fance ont le bonheur d'avoir pour Souverains
des Princes, iffus du fang des Bourbons, mêlé
avec celui des Charles-Quints : l'Archiduc
Ferdinand gouverne une Nation fortie des
bords de l'Elbe & de l'Oder, fur laquelle
regnoit *Alboin*, dès le fixieme fiecle ; & Marie-
Chriftine, unie au Duc de Saxe-Tefchen,
va renouveller au Peuple Belgique la douceur du gouvernement de Claire-Eugénie,
& de l'Archiduc Albert.

MARIE-THERESE environnée de fes enfans,
reffembloit à un de ces anciens Patriarches,
choifi de Dieu, pour être le dépofitaire de
fes préceptes, de fes oracles & du culte public de la Religion ; la tige d'un nouveau Peuple, le pere des Croyans, l'exacte obferva-
teur de l'innocence & de la fimplicité des
mœurs antiques, l'auteur des Loix civiles,
l'inventeur des Arts, la gloire & le falut d'une
Famille que le Seigneur avoit favorifée de fes
graces, en la multipliant *comme les étoiles du
Ciel & comme le fable de la Mer.*

Elle vit d'un œil tranquille approcher le
terme marqué par la nature. Sa Religion avoit
depuis long-temps prévenu les horreurs du

trépas. Elle ne lui avoit montré fur la terre
qu'un flux & reflux éternel d'êtres périffables
que le torrent du temps entraîne tour-à-tour
dans l'abîme du néant. Elle ne voyoit dans
les degrés du tombeau, que les premiers pas
qui menent à l'Eternité. La foi de la vie future, étoit fa fécurité & le repos de fa raifon. Son vifage ferein conferva toute fa majefté jufque dans les bras de la mort. On voyoit
encore fur fes levres le fourire de la bienfaifance. ,, *dites-moi*, demandoit-elle, *fi je puis*
,, *encore vous faire du bien?... Le mal qui s'eft*
,, *fait dans mes États, c'eft à mon infu...*
Jamais elle ne montra plus de calme & plus
d'héroïfme, que dans ce dernier moment,
l'écueil ordinaire de toute grandeur emprun-
tée. Elle remit à fes enfans fes vertus, fes
préceptes, & les derniers monumens de fa
tendreffe. Elle rendit fans regrets à la terre
les dépouilles qu'elle en avoit reçues; & fon
ame pure s'élança dans le fein de la divinité (1).

F I N.

---

(1) Lifez à la fin des Notes, la *Relation des derniers jours de MARIE-THERESE*, faite à Vienne
par des perfonnes de la premiere confidération,
qui en ont été les témoins oculaires.

NOTES (*a*).

ORIGINE

DES

ÉLOGES FUNEBRES.

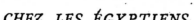

CHEZ LES ÉGYPTIENS.

LA coutume de juger les Rois, après leur mort, remonte à la plus haute antiquité de la Monarchie Egyptienne. Le jour qu'on les portoit au tombeau, il se tenoit, conformément à la loi, une audience publique pour recevoir toutes les accusations qu'on étoit libre de former contre le Monarque qu'on devoit inhumer. L'usage étoit que les prêtres commençassent par faire son éloge, en racontant les bonnes actions qu'il avoit faites. Si le Monarque s'étoit comporté dignement, la multitude qui avoit suivi le convoi, répondoit aux Prêtres par acclamations. Il s'excitoit, au contraire, un murmure général, s'il avoit mal gouverné, & il est arrivé à quelques Rois d'être privés de la sépulture sur la décision du peuple : privation que les anciens regardoient comme le plus grand des malheurs. Lisez *Diodore de Sicile.* Liv. I, pag. 103. édit. d'Amsterdam, 1745. Après lui, *Goguet,* I. vol, chap. I, artic. 4e. *Origine des Loix,* &c.

A

NOTES.

CHEZ LES ISRAÉLITES.

Cette forme de jugement, que les Egyptiens faisoient subir à la mémoire des morts, parut si sage aux Israélites, qu'ils l'adopterent dans leurs mœurs. Leurs Rois impies, tels que *Joram*, *Joas*, *Achaz*, *Achab*, &c. furent privés des honneurs funéraires qu'on rendoit aux justes, & ne furent point ensevelis dans le sépulchre des Rois. Nous voyons au contraire *Asa*, placé dans le tombeau de ses peres, après avoir été exposé à la vénération du peuple de Juda, sur un lit de parade, environné de parfums. David ordonna un deuil public pour *Abner*, lui fit faire des obseques solemnelles & lui éleva dans *Hébron* un magnifique tombeau, sur lequel on grava une Epitaphe que David composa à sa louange. Le même Roï fit un cantique funebre pour Saül & Jonathas : le Prophete Jérémie en fit un semblable pour *Josias*... Lisez le 2. lib. des *Paralipom.* chap. 21. ℣. 19. *Dom Calmet*, Commmentaire sur ce même verset. Chap. 24. ℣. 25.

CHEZ LES ATHÉNIENS.

Tous les auteurs de l'antiquité nous ont transmis le nom du *Céramique* d'Athenes, célebre par le grand nombre de tombeaux qu'on y avoit élevés à la gloire des bons citoyens, sur-tout de ceux qui étoient morts les armes à la main, en combattant pour la patrie. L'Aréopage nommoit l'orateur qui devoit faire l'Oraison funebre, dans les circonstances importantes, où la République avoit besoin d'une éloquence mâle & nerveuse pour soutenir ou pour encourager les Athéniens. Après la réduction de *Samos*, (dit Plutarque) *Périclès* de

retour à Athenes, fit des obſeques magnifiques à
ceux qui étoient morts à cette guerre, & prononça lui-même leur Oraiſon funebre ſur leur
tombeau. Il plut tellement au peuple, qu'après
ſon diſcours, toutes les femmes coururent l'em-
braſſer & lui mettre ſur la tête des couronnes &
des bandelettes, comme à un athelete qui ſeroit
revenu victorieux des jeux publics. Liſez *Plutarque*
de Dacier, vie de Périclès.

CHEZ LES ROMAINS.

P. Valérius Publicola inſtitua les harangues funebres l'an de Rome 247, & avant Jeſus-Chriſt 507.
Après la bataille donnée contre les Tarquins & les
Etruſques, dans laquelle Brutus périt, on décerna
les honneurs du triomphe à Valerius. Il fut le premier des Conſuls, qui fit ſon entrée dans Rome,
ſur un Char triomphal traîné par quatre chevaux.
Les plus illuſtres des Chevaliers Romains portoient
devant lui, ſur leurs épaules, le corps de L. *Ju-*
nius Brutus, ſon collegue, orné de couronnes qui
étoient autant de trophées de ſa valeur. Le Sénat
& le peuple, fondant en larmes, allerent au devant de l'armée. Le lendemain on célébra les funérailles de *Brutus* avec une pompe digne de la
grandeur des Romains. Valerius monta ſur la Tri-
bune aux harangues, & au milieu d'un concours
prodigieux de ſpectateurs, il prononça l'éloge du
ſecond fondateur de Rome. Ce diſcours fit une
telle impreſſion ſur le peuple Romain, que depuis
cette époque, il adopta l'uſage de louer publiquement tous leurs grands hommes. *Quintus Fabius*
Maximus fit l'Oraiſon funebre de *Scipion*. *Néron*
prononça l'éloge de l'Empereur *Claude* ſon prédé-
ceſſeur. On accorda les mêmes honneurs aux fem-

mes célebres. Jules-Céfar n'étant encore que Quef-
teur, fit l'Oraifon funebre de fa tante, *Julie*, &
celle de *Cornelie* fon époufe. La femme de Pom-
pée, fut louée publiquement après fa mort, dans
le *forum*, & enterrée dans le Champ de Mars.
Lifez *Ciceron*, *Tite-Live*, *Suetone*, *Plutarque* de
Dacier, *Vie* de *Publicola* & de *Jules-Céfar*.

CHEZ LES GRECS.

On lit dans prefque tous nos Auteurs modernes,
que l'invention des Oraifons funebres appartient
aux Grecs. (Plutarque, dans la vie de *Publicola*,
Dacier, dans fes remarques, femblent affirmer le
contraire. Elles ne commencerent, dit-il, en Grece,
qu'après la bataille de Marathon, feize ans après
la mort de Brutus. Avant cette époque, les Grecs
honoroient de jeux publics & de combats les funérailles des grands hommes; mais on ne lit nulle
part, qu'ils en aient fait l'éloge publiquement. Lifez *Thucydide* édit. d'Amfterdam 1731. St. Jérome
in vitâ Nepotiani.)

Les anciens ont remarqué, que dans les Oraifons funebres, les Egyptiens ne parloient point de
la famille illuftre du défunt, parce qu'ils fe
croyoient tous également nobles; les titres héréditaires que donne le fang & la naiffance leur
étoient inconnus. Les Athéniens & les Grecs ne
louoient que la valeur militaire. Les Romains honoroient d'un éloge public tous les grands hommes,
de quelque maniere qu'ils euffent fervi leur patrie.

CHEZ LES MODERNES.

L'ufage des Oraifons funebres s'eft établi en
France vers la fin du 14me. fiecle. La premiere,
felon l'opinion commune, fut prononcée à S. De-

nis en 1380, à l'honneur du fameux *Bertrand du Guefclin*, dont le corps repofe à côté de ceux des Rois. A la renaiffance des lettres, l'Art oratoire fut appliqué à la louange des morts. Les Boffuet, les Fléchier, les Mafcarons, les Maffillons, nous ont laiffé dans le dernier fiecle, des modeles en ce genre, que les Orateurs, dans le nôtre, n'ont encore pu atteindre.

NOTE (*b*).

Marie-Thérefe-Walpurge-Amélie-Chriftine d'Autriche, fille aînée de l'Empereur Charles VI & d'Elifabeth-Chriftine de Brunfwick-Wolfembuttel, eft née le 13 Mai 1717.

NOTE (*c*).

Le Czar, en Hollande, infcrit au Rôle des Charpentiers de l'Amirauté des Indes, n'étoit connu parmi les ouvriers des chantiers de Saardam, que fous le nom de *Baas-peter* (Maître-Pierre). Il voyageoit en France en 1717, & vifitoit les manufactures, les Académies, les Colleges & les Savans.

NOTE (*d*).

Charles XII, après avoir femé la terreur en Pologne, en Dannemarck, en Courlande, en Ruffie, fut défait entiérement à Pultawa, contraint de paffer à la nage le Borifthene, & de chercher un afyle en Turquie, perdit fes conquêtes, celle de fes prédéceffeurs, & mourut en 1718, en faifant le fiege de *Frédericshall*.

NOTE (*e*).

Des Officiers Saxons avoient tramé, en 1717, une conjuration contre le Roi Stanislas refugié à

Deux-Ponts. Elle fut découverte le 15 d'Août de
la même année : trois des conjurés arrêtés furent
condamnés à perdre la vie : le Prince leur fit
grace.,

N O T E (f).

Philippe, Duc d'Orléans, fut déclaré Régent du
Royaume le 2 Septembre 1715 ; & Louis XV annonça sa majorité au Parlement le 22 Février 1723.

N O T E (g).

Le Cardinal Albéroni forma le dessein en 1717
d'enlever la Sardaigne à l'Empereur, qui la possé-
doit alors, & la Sicile au Duc de Savoye. Afin de
remplir toute l'étendue de ses projets, il s'unit à
Pierre-le-Grand, à Charles XII & à la Porte Ot-
tomane. L'île d'Ahland, dans la Baltique, fut le
lieu secret des négociations & des conférences. Il
y fut question de rétablir Jacques Stuart sur le
trône de ses peres : d'ôter la Régence à Philippe
d'Orléans ; de rendre l'Italie indépendante de l'Allemagne, &c. La trame fut découverte.

N O T E (h).

Une des singularités de la vie du Maréchal de
Saxe, est d'avoir été pendant plus de dix ans, le
Disciple du Prince Eugene & du Duc de Malbo-
rough, les deux plus redoutables ennemis de la
Maison de Bourbon. Il fit sous eux les guerres de
Flandre de 1708 & 1709. Il se rendit, en 1717,
en Hongrie, où Charles VI avoit une armée nom-
breuse commandée par le Prince Eugene. En 1720,
il passa au service de France. En 1741, il mit le
siege devant Prague, l'emporta par escalade, &

fit trembler les Etats héré/itaires de MARIE-THE-
RESE.

NOTE (*i*).

Le 16 Août 1717, le Prince Eugene abattoit à
Belgrade, les forces de l'empire Ottoman, pour la
quatrieme fois. Né François, jeune, & peu connu
de fon Souverain, il alla en 1684 en Hongrie, étu-
dier au fervice de Léopold, l'art de balancer la
fupériorité de la France.

NOTE (*k*).

Le 19 Avril 1713, Charles VI établit la pragmatique-fanction, où la regle de fucceffion de fes
Etats héréditaires, fuivant l'ordre de primogéniture. En 1720 les Etats d'Autriche & de Siléfie
s'engagerent à la reconnoître & à la garantir : ceux
de Hongrie, de Tranfilvanie, des Pays-Bas Autrichiens en 1722 : la Bohême en 1723 : l'Efpagne en
1725 : la Pruffe, la Ruffie, les Electeurs de Treves,
de Cologne, de Baviere en 1726 : l'Angleterre &
les Etats-généraux en 1731 : la Diete de Ratisbonne
la reçut à la pluralité des voix en 1732 : le Dannemarck dans la même année : l'Electeur de Saxe
en 1733 : la France en 1735 : MARIE-THERESE
elle-même la ratifia en 1736., par fon contrat de
mariage : mais le Prince Eugene difoit avec raifon, *qu'une armée de cent mille hommes la garan-
tiroit mieux que cent mille traités.*

Les Pays-Bas pafferent à la Maifon d'Autriche
en 1477, par le mariage de Marie de Bourgogne,
avec l'Archiduc Maximilien, depuis Empereur : ils
furent unis en 1496 à la couronne d'Efpagne, par
le mariage de Philippe-le-Bel, fils de Maximilien,
avec Jeanne, fille héritiere de Ferdinand V, Roi

d'Arragon. Ils furent cédés à Charles VI, dernier
Prince de la Maison d'Autriche, en vertu des
Traités de Raftadt & de Baden de 1714.

Origine du Traité de Barriere.

NOTE (1).

L'Origine du Traité de Barriere remonte à l'o-
rigine de la liberté des fept Provinces-Unies. Auffi-
tôt que la paix de Munfter de 1648 eut affermi leur
fouveraineté & leur indépendance, elles formerent le
fyftéme de fe garantir de la France, dont elles re-
doutoient le voifinage.

Le danger qu'elles coururent en 1672, lorfque
Louis XIV leur enleva plus de 40 Villes fortifiées, leur fit bien mieux fentir encore la néceffité
d'une Barriere. C'en étoit fait alors de la République, fans les fecours de l'Empereur, de l'E-
lecteur de Brandebourg & de l'Efpagne.

Guillaume de Naffau, Stadthouder, & depuis Roi
d'Angleterre, combattoit pour l'exécution du même
projet, dans la guerre terminée par la paix de
Ryfwick de 1697.

La mort de Charles II, Roi d'Efpagne, amena
la guerre de fucceffion. Les Etats-généraux, diri-
gés par l'Angleterre, y entrerent en 1701, &
s'armerent contre Louis XIV, qui mettoit des en-
traves à leur commerce, & qui refufoit de leur
accorder dans les Pays-Bas Efpagnols, les places
de fûreté & de Barriere qu'ils demandoient.

La bataille de Ramilly de 1706, gagnée fur les
François par le Duc de Marlborough, fit triom-

pher les Alliés. Ce fut l'année d'après, que les
Anglois & les Hollandois réfolurent de ne laiffer
à la Maifon d'Autriche que l'ombre de la Souveraineté dans les Pays-Bas.

Les années 1707, 1708, marquées par les victoires des Alliés, amenerent les Conférences de 1709,
tenues à la Haye, par le Marquis de Torcy, le
Prince Eugene, le Duc de Marlborough, le Grand
Penfionnaire Heinfius, où Louis XIV confentoit à
évacuer les Pays-Bas Efpagnols, & à former aux
Hollandois, aux dépens des Pays-Bas François,
une Barriere des villes d'Ypres, Tournay, Lille, &c.

Dans le Congrès d'Utrecht de 1712 & 1713, la
Reine d'Angleterre conclut avec la République
des Provinces-Unies, le Traité de Barriere, par
lequel elle s'engageoit de leur faire accorder, par
le Souverain futur des Pays-Bas, le droit de garnifon dans les fortereffes de ces Provinces que la
République jugeoit néceffaires.

Les Traités de Raftadt & de Baden de 1714, en
cédant à Charles VI les Pays-Bas Efpagnols, lui
impofoient en même-temps l'obligation d'accepter
le Traité de Barriere, qui fut enfin conclu le 15
Novembre 1715 à Anvers, fous la médiation & la
garantie de l'Angleterre.

Par ce Traité, les Etats-Généraux eurent garnifon exclufive à Namur, Tournai, Menin, Ypres,
Furnes, Warneton, la Kenoque, & mi-partie à
Termonde. L'Empereur s'engagea de plus à payer
annuellement pour leur entretien, un million
400,000 mille florins hipothéqués fur les revenus

B

& les subsides des Pays-Bas. Cette somme fut payée jusqu'en Octobre 1740.

NOTE (*m*).

Le 11 Octobre 1717, le Marquis de Prié reçut au nom de Charles VI à Bruxelles, le serment de fidélité des Etats de Brabant & de Limbourg.

Le Duc Charles de Lorraine, au nom de MARIE-THERESE, reçut le même serment le 20 Avril 1744 à Bruxelles.

En 1717, Charles VI jetta les premiers fondemens de la compagnie d'Oftende, pour le commerce des Indes Orientales. Il l'établit par un Octroi du 17 Décembre 1722. Il s'engageoit de la suspendre, pour sept ans, par des préliminaires de Paix signés à Paris le 31 Mai 1727, avec la France, l'Angleterre & les Provinces-Unies. Enfin il fut obligé de l'abolir à perpétuité, par le second Traité de Vienne du 16 Mars 1731. Les différentes branches de l'Escaut, les Canaux de Sas, de Zwin, & les autres embouchures des rivieres sont fermées du côté des Provinces-Unies, en vertu du Traité de Munster du 30 Janvier 1648, & du Traité de Barriere de 1715.

NOTE (*n*).

On sait que S. M. l'Impératrice, outre les audiences particulieres, donnoit réguliérement tous les Dimanches & Fêtes des audiences publiques, qui duroient deux & trois heures, où elle admettoit indistinctement tous ses sujets, Militaires, Magistrats, Veuves, Orphelins, Artistes, &c. Qu'elle les écoutoit tous avec bonté, recevoit leurs

NOTES. xj

Requêtes avec indulgence, entroit avec eux dans
le détail de leurs intérêts domeftiques, alloit au-
devant de leurs befoins, &c. Que pas un n'eft
forti de fa préfence, fans être fatisfait, comblé
de fes graces, & fans rapporter dans fon pays des
preuves de fa générofité & de fa bienfaifance. Les
habitans des fideles Provinces des Pays-Bas qu'elle
affectionnoit particuliérement, élevent tous leur
voix, pour rendre le même hommage à la vérité
& à la reconnoiffance.

On connoît fon affabilité populaire. Elle admettoit à fa table toutes les Dames & tous les Officiers de diftinction.

NOTE (o).

Depuis la mort de François I, arrivée à Inf-
pruck, le 18 Août 1765, MARIE-THERESE porta
toujours le deuil. Ses appartemens étoient tendus
de noir : Elle alloit au couvent des Capucins de
Vienne, le 18 de chaque mois, defcendoit au caveau des Empereurs de la Maifon d'Autriche, où
elle voyoit fon tombeau préparé, & celui de fon
augufte époux fermé, aux pieds duquel elle reftoit
quelquefois des heures entieres, offrant fes prieres à Dieu.

NOTE (p).

Le tableau de l'Etat de la Maifon d'Autriche à
l'époque de 1739 & 1740, n'eft point imaginaire.
Pour s'en convaincre, le lecteur curieux peut ré-
courir au décret de Charles VI, adreffé à la Dic-
tature de l'Empire, fur la fin de Novembre 1739;
& au difcours du Comte de *Seilern*, prononcé à

B ij

l'ouverture de l'Affemblée des Etats d'Autriche, le
25 Novembre de la même année. Le fubfide ex-
traordinaire demandé aux Etats 'des Pays-Bas fut
de trois millions de florins. On tenoit à Bruxelles
le 16 Novembre & le 1er. Décembre 1739, des
Conférences pour le redreffement des Finances, &
la réparation des places fortes.

N O T E (*q*).

La premiere proteftation faite à la Reine, contre fa prife de poffeffion des Etats héréditaires,
fut celle de Charles Albert, Electeur de Baviere,
datée de Munich, du 3 Novembre 1740. Il fondoit fes prétentions fur la teneur du teftament de
Ferdinand I, de 1543. Cet Empereur, par fon co-
dicile, avoit inftitué héritiere, au défaut de mâles,
fa fille aînée l'Archiducheffe Anne, mariée en
1546, au Duc Albert de Baviere. L'Electeur en
defcendoit. Il n'y avoit plus de mâles de la Maifon
d'Autriche : il prétendoit donc à la fucceffion au
nom du quatrieme aycul.

La feconde réclamation fut celle d'Augufte III,
Roi de Pologne, Electeur de Saxe, que fon armée
avoit ordre de publier en entrant en Bohême, dans
les premiers jours de Novembre. Il alléguoit, an-
nonçoit-il, ,, le droit inconteftable qu'a la Reine
» notre très-chere époufe (fille aînée de l'Empe-
» reur Jofeph, frere de Charles VI) de fuccéder
» dans ces Etats, en vertu d'un pacte de fuccef-
» fion, arrêté & juré folemnellement le 12 Sep-
» tembre 1703 entre l'Empereur Léopold & fes fils
» Jofeph & Charles, qui n'a pu être annullé, ni

» par la Pragmatique-fanction, ni par aucun autre
» arrangement de cette nature.

Le Roi d'Efpagne, dans fon Manifefte du 20
Janvier 1741, révendiquoit des droits fur l'Italie
fondés fur une difpofition particuliere de l'Empereur Charles-Quint, & fur une convention faite
entre l'Empereur Ferdinand II, & le Roi d'Efpagne Philippe III, par lefquelles il étoit réglé,
que fi la branche mafculine de la Maifon d'Autriche venoit à s'éteindre, les Etats de cette branche reviendroient à celle qui feroit en poffeffion
du trône d'Efpagne : or, Philippe V, en fuccédant
à Charles II, avoit hérité de tous les droits de
ce Prince.

La quatrieme proteftation fut celle du Roi de
Pruffe, faite en forme de déclaration aux Miniftres étrangers réfidens à Berlin, datée du 6 Décembre de la même année. On y lit : » Que S. M.
» Pruffienne s'eft crue indifpenfablement obligée
» d'avoir recours fans délai à ce moyen, (à l'en-
» trée de fes troupes en Siléfie) pour révendiquer
» les droits inconteftables de fa Maifon fur le Du-
» ché de Siléfie, fondés fur d'anciens pactes de
» famille & de confraternité, entre les Electeurs
» de Brandebourg & les Princes de Siléfie, de
» même que fur d'autres titres refpectables.

N O T E (r).

En vertu du Traité de garantie mutuelle, conclu à Vienne le 16 Mars 1731, entre l'Angleterre,
la Maifon d'Autriche & les Provinces-Unies, l'Empereur & le Roi d'Angleterre, fe font engagés à

fournir à la partie léfée, & qui feroit en droit
de requérir un fecours, huit mille Fantaffins &
quatre mille Chevaux. Dans le même cas, les
Provinces-Unies donneront quatre mille Fantaffins
& mille Chevaux. Si ces fecours font demandés
pour l'Italie, la Hongrie, ou les pays adjacens à
ce Royaume, hors de l'Empire, les Etats-Généraux fans être obligés d'envoyer leurs troupes dans
ces Provinces éloignées, pourront donner à la
partie requérante des vaiffeaux de guerre & de
tranfport, ou de l'argent pour la valeur du fecours qu'ils devront fournir. On évalue mille Sol-
dats à la fomme de dix mille florins de Hollande
par mois, & mille Chevaux à trente mille florins.
Si ces fecours ne fuffifent pas, on agira de toute
fes forces, & on déclarera la guerre à l'agreffeur.

Dans les Traités de Weftméinfter de 1678, &
de 1689, entre l'Angleterre & les Provinces-Unies,
il eft ftipulé que la partie léfée dans fes droits,
pourra exiger que fon Allié fe déclare ouverte-
ment deux mois après la premiere réquifition
qu'elle en fera. Celui-ci fera alors obligé d'agir
de toutes fes forces, par terre & par mer. Lifez le
Droit public de l'Europe.

NOTE (s).

Dans les premiers jours de Janvier 1742, le Roi
de Sardaigne publia un Manifefte, où il annonçoit
fes prétentions fur le Duché de Milan, en vertu
,, d'un Diplôme de Charles-Quint du 12 Décem-
,, bre 1549, par lequel les filles de Philippe II
,, au premier degré, leurs defcendans mâles, fui-

NOTES.   xv

„ vant l'ordre de primogéniture, font appellés à
„ la fucceffion du Duché de Milan, à l'extinction
„ mafculine de ce Prince. Or, le Roi de Sardaigne
defçendoit de Catherine d'Autriche, fille aînée de
Philippe II, mariée à Charles Emmanuel I, Duc
de Savoye le 11 Mars 1585.

Dès le Mois de Juin 1742, il y eut une convention provifionnelle arrêtée entre le Roi de Sardaigne & MARIE-THERESE. Elle fut ratifiée par
le Traité de Worms du 13 Septembre 1743.

Par ce Traité, ménagé par la Grande-Bretagne,
le Roi de Sardaigne garantit à la Reine tous les
Royaumes, Etats, Pays & Domaines qu'elle pof-
fede actuellement, ou qu'elle doit pofféder ; & re-
nonce pour lui & fes Succeffeurs, à fes droits fur
l'Etat de Milan, en faveur de la Maifon d'Autriche feulement. La Reine de Hongrie cede au Roi
de Sardaigne, fes héritiers & fucceffeurs, le territoire appellé *Vigevanafque*, le pays d'Anghiera,
& les parties du Duché de Pavie, fituées entre
le Pô & le Theffin, &c. Ces deux Puiffances, en
reconnoiffance du zele que S. M. Britannique a
montré pour la caufe commune, confirment à fes
fujets tous les avantages dont ils ont joui dans
leurs Etats, relativement au commerce. Lifez le
Traité de paix générale conclu à *Aix-la-Chapelle*
le 18 Octobre 1748.

N O T E (t).

Par les Traités de Breflaw du 11 Juin, & de
Berlin du 28 Juillet 1742, le Roi de Pruffe re-
nonce en fon nom, & au nom de fes Succeffeurs,

à toutes les prétentions qu'il pourroit avoir & former contre la Maiſon d'Autriche ; garantit à l'Impératrice-Reine de Hongrie, tous les Etats qu'elle
poſſede en Allemagne, & ſe charge du payement
des ſommes hypothéquées ſur la Siléſie, dues aux
ſujets d'Angleterre & de Hollande.

La Reine de Hongrie cede à perpétuité au Roi
de Pruſſe & à ſes Succeſſeurs, la Haute & Baſſe
Siléſie, excepté la Principauté de Teſchen, la ville
de Troppau, &c. Elle cede de plus le Comté de
Glatz, &c. & s'engage d'acquitter les ſommes dues
aux Brabançons, hypothéquées ſur la Siléſie.

Par le Traité de Dreſde du 20 Décembre 1743,
l'Electeur de Saxe garantit, comme il avoit fait
en 1733, le nouvel ordre de ſucceſſion établi dans
la Maiſon d'Autriche, & promet d'agir de toutes
ſes forces, afin qu'il ne ſoit porté aucune atteinte
ultérieure à l'indiviſibilité des Etats Autrichiens.

La Reine de Hongrie reconnoît de ſon côté &
confirme de nouveau le droit qu'a la Maiſon de
Saxe de ſuccéder, à tous les Royaumes & Etats héréditaires de la Maiſon d'Autriche „ immédiate-
„ ment après les deſcendans mâles & femelles de
„ l'Empereur Charles VI.

Le Roi de Pruſſe, qui par le Traité de Breſlaw
de 1742, s'étoit engagé à ne plus donner aucun ſécours
aux ennemis de la Reine, ſous quelque prétexte que
ce ſoit, partit de Potzdam le 15 d'Août 1744, pour
aller prendre le commandement de ſon armée,
forte de près de cent mille hommes ; & la con-
duire en Bohême & en Moravie. Il avoit rendu
public

public le *Traité d'Union*, conclu le 1 Juin & ratifié
à Francfort-fur-le-Meyn, le 8 Août 1744, par le-
» quel il ne fe propofoit d'autre objet que de ter-
» miner les grands différends fur la fucceffion de
» la Maifon d'Autriche, qui ont occafionné tant
» de troubles dans la *chere patrie*, qu'il eft à crain-
» dre, qu'il n'en réfulte à la fin un renverfement
» total du Syftême, des Loix & des Conftitutions
» fondamentales de l'Empire. Lifez *ce Traité d'U-
nion, dans les Mémoires du temps*, année 1744.

Le Traité de l'Electeur de Saxe avec MARIE-
THERESE & le Roi d'Angleterre eft daté de Varfovie, du 8 Janvier 1745.

N O T E (*u*).

Par une convention faite en 964, entre l'Empereur Othon I & le Pape Leon VIII, Othon fut
déclaré Maître de l'Empire Romain, qui par ce
moyen paffa fous la domination des Empereurs
d'Allemagne. Il y eut alors une Loi fondamenta-
le, qui affuroit au Roi d'Allemagne, la dignité
Impériale, la couronne d'Italie, la fouveraineté
de la ville de Rome, & une autorité prefqu'illimitée fur le St. Siege. Les Empereurs Frédéric I.
& Henri VII. renouvellerent cette Loi. Les droits
de Majefté & celui d'exiger des tributs de toutes
les Provinces d'Italie ont continué à être exercés
par les Empereurs, depuis Henri VII jufqu'à Charles VI, auquel ils ont été confirmés de nouveau
par le Traité de Londres de 1718. Les Etats d'I-
talie ne font aujourd'hui attaché à l'Empire d'Allemagne que par le lien féodal. On comprend parmi
ces Etats, le Duché de Milan, le Grand-Duché
de Tofcane, le Duché de Mantoue, le Marquifat

C

de Montferrat, le Duché de Modene & de Reg-
gio, ceux de Parme & de Plaifance, celui de la
Mirandole, la Principauté de Piémont. Lifez *Pfef-
fel*, & *les Inſtitutions au Droit public d'Allemagne.*

N O T E (*v*).

On peut affurer, fans craindre de fe tromper,
que les Pays-Bas Autrichiens ont fourni à leurs
auguſtes Souverains plus de cent millions de florins, tant en fubfides, que levées extraordinaires,
& dons gratuits dans les guerres de 1740, 1756
& 1778. On ne compte point les fommes immenfes levées en temps de paix, dans les mêmes Provinces, à un modique intérêt, pour faciliter à
Vienne les opérations & les réductions dans les Finances.

Depuis 1740 jufqu'en Février 1746, les fubfides
extraordinaires ont été de 13 à 14 millions de florins.

Depuis 1756, jufqu'à la paix de 1763, les fubfides, les levées extraordinaires, les dons gratuits,
ont été de 80 millions.

Dans la guerre de la fucceffion de Baviere, il
n'eſt pas forti des Pays-Bas Autrichiens, moins
de 10 millions.

Les Abbayes, dans la guerre de 1756, ont levé
fur leur crédit quatre millions qui leur ont été
rembourfés par S. M.

N O T E (*x*).

L'origine de la rivalité & des guerres fanglantes
entre la Maifon d'Autriche & la Maifon de Bourbon, remonte à l'année 1477, lorfque les Pays-

Bas pafferent à la Maifon d'Autriche, par le mariage de Marie de Bourgogne, avec Maximilien, I Empereur.

Louis XI, Roi de France, fondé fur les promeffes que Charles-le-Hardi lui avoit faites, avoit demandé fa fille en mariage, pour fon fils le Dauphin, Charles VIII. Le Duc de Bourgogne la donna à l'Archiduç Maximilien.

Par le Traité d'Alliance entre la France & la Cour de Vienne, figné à Verfailles le 1 Mai 1756, les Puiffances contractantes fe promettent une amitié & une union fincere & conftante, une correfpondance réciproque, la garantie & la défenfe de tous leurs Etats refpectifs, contre les attaques de quelque puiffance que ce foit. Par une fuite de cette garantie, la Cour de Vienne & la Cour de Verfailles s'obligent à fe fecourir mutuellement avec un corps de 24 mille hommes; au cas que l'une ou l'autre Puiffance vînt à être attaquée. Le fecours fera compofé de 18 mille hommes d'Infanterie & de fix mille de cavalerie. Ce corps de troupes fera entretenu aux frais de celle de deux parties contractantes, qui fe trouvera dans le cas de devoir le donner. Mais il fera libre à la partie requérante de demander, au lieu du fecours effectif en hommes, l'équivalent en argent, qui fera payé comptant par chaque mois, & qui fera évalué pour la totalité, à raifon de huit mille florins, argent d'Empire, pour chaque mille hommes d'Infanterie, & 24 mille florins pour chaque mille hommes de Cavalerie.

·N O T E (x).

*ET**AT** exact des forces militaires de la Maison d'Autriche, en temps de paix, année 1765.*

I N F A N T E R I E.

Régimens composés de 2071 hommes.

Allemands - - - -   39.
Hongrois - - - -   11.
Wallons - - - - -   5.
Italiens - - - - -   2.
Artillerie - - - -   3.
Troupes Frontieres - -   18.
Grenadiers Frontieres - 3 bataillons de 6 Compa-
                              gnies.
Mineurs & Bombardiers - 1 bataillon de 4 Compa-
                              gnies.

C U I R A S S I E R S   E T   C A R A B I N I E R S.

Régimens composés de 837 hommes.

Cuirassiers Allemands - 18.
Carabiniers Allemands 118 escadrons.

D R A G O N S   E T   C H E V A U X   L E G E R S.

Allemands - - - -   12.
Wallon - - - - -   1 Régiment.
Transilvain - - - -   1.

H U S S A R D S.

Régimens composés de 183 hommes.

Hongrois   - - - -   12.
Transilvain - - - -   1.
Carlstade - - - -   1. . . ⎱
Banalistes - - - -   1. . . ⎰ 1200. ⎱
Sclavons - - - - -   1. . . ⎰
Széclers - - - - -   1.
Waradin   - - - -   1 escadrons de 300 hom-
                                 mes.

Total des hommes - - - - - 206,813.

NB. Cet Etat est considérablement augmenté depuis
1765.

RELATION AUTHENTIQUE

De la Maladie & de la Mort de MARIE-THE-
RESE, *envoyée de Vienne à Bruxelles, le* 30
Novembre 1780.

DEPUIS hier à 9 heures moins un quart du
soir, un affreuse certitude a pris la place de l'inquiétude la plus juste. Nous avons perdu notre
Mere, notre Souveraine, celle dont tous les jours
n'étoient employés qu'à faire, ou au moins à desirer
le bien de ses sujets, si la foiblesse humaine & la
fatalité des circonstances n'a pas toujours permis
qu'elle réussît.

*Morte
le 29
Nov. à
8 heures
45 min.*

Un malheureux rhume, commun à presque toute
sa Famille, & que sa conformation & son âge rendoient encore plus dangereux pour elle, a été le
commencement de sa maladie. Mercredi 22, après
le dîner, S. M. l'Empereur la trouva si oppressée, si
suffoquée, qu'on prétend qu'il fit chercher son Chi-
rurgien. On la saigna, sans qu'elle fut soulagée.
Jeudi, Vendredi & Samedi se passerent toujours
en suffoquemens momentanés, sans sommeil, quoi-
qu'avec appétit, & faisant toutes ses affaires. Di-
manche 26, elle fut administrée. On se fit encore
illusion ; attribuant à sa piété cette cérémonie si
touchante : le Nonce lui donna le St. Sacrement.
Elle étoit non-seulement levée, parce qu'elle ne
pouvoit plus supporter le lit, mais encore habil-
lée, & se tint à genoux pendant tout le temps
que dura cette fonction. Lundi, 27, nous eûmes
une lueur d'espoir. Après un accès de suffoquemens des plus violens, elle eut deux évacuations,
& une sueur si copieuse, qu'elle se trouva telle-
mement soulagée, qu'elle dit en Allemand, *que
depuis plusieurs jours elle n'avoit pas eu un aussi bon
moment.*

Nous efpérions une bonne nuit, elle fut un peu
plus tranquille que les autres, mais le matin,
Mardi 28, fes accès la reprirent. Elle fe fit donner l'Extrême-Onction : puis elle demanda cha-
cun de fes enfans en particulier, pour leur faire
fes derniers adieux. Elle a dit à S. M. l'Empereur,
qu'elle ne pouvoit rien lui laiffer, puifque tout
ce qu'elle avoit lui appartenoit : que fon feul bien
étoit fes enfans, qu'elle les lui recommandoit,
pour qu'il fût leur pere. Enfuite ; elle lui donna
un papier, en le priant de le figner, mais de le
lire auparavant, & de lui faire fes objections. Il
lui a répondu qu'il n'en avoit point à faire, & l'a
figné fans l'avoir lu, fur les genoux de fa mere.
Rien ne fait plus l'éloge du cœur de Jofeph II, que
l'extrême fenfibilité qu'il a témoigné, non-feulement
dans ce moment là ; mais tout le temps de la maladie, où il ne la quittoit ni jour, ni nuit, lui
donnoit lui-même tous les remedes, au point qu'il
faut être charmé, fi l'on peut fe fervir de ce mot,
que cette fituation fi violente pour fon corps &
pour fon cœur n'ait pas duré plus long-temps. Il eft
touché au delà de toute expreffion, & en même-
temps pénétré d'admiration de fon courage, de fa
fermeté, de tout ce qu'elle a eu la force de lui
dire, dans un moment fi redoutable.

Notre grande MARIE-THERESE eft morte comme elle a véçu, toujours active, fongeant à tout,
& toujours avec cette délicateffe, que de tous les
fouverains du monde, elle feul poffédoit fi bien.
Malgré le court efpace de huit jours, on peut dire
que fa mort a été lente, & qu'elle l'a vu approcher à petits pas. Trois fois on la crue à l'Ago-
nie, & autant de fois fes pauvres enfans ont été
obligés d'en dire les déchirantes prieres. Une
fois elle s'eft même apperçue qu'on omettoit un
Pfeaume & elle l'a demandé. On prétend que Mercredi 29, jour de fa mort, à 4 heures après-midi,
elle ne voyoit plus ; & que vers les 7 heures, on ne

comprenoit plus ce qu'elle difoit. L'Empereur lui demanda , fi elle fouffroit beaucoup, elle lui fit figne que *oui*. Quelque temps auparavant MARIE-THERESE lui avoit demandé, combien de temps, cela pouvoit encore durer : à quoi naturellement il répondit, *que Dieu feul le favoit*. On prétend que malgré fes affreux momens de congé & de la bénédiction de fes enfants, elle n'a pas verfé une larme. Elle a écrit à ce que l'on dit, elle-même, à tous fes enfans abfens. La veille de fa mort, elle s'eft fouvenu qu'il y avoit à Vienne un Cavalier Italien, nommé Crépi, qui lui avoit apporté je ne fais quel tableau, de je ne fais où ; & qu'elle ne lui avoit rien donné ; elle lui envoya encore ce jour-là une bague avec fon chiffre. Elle s'eft rappellé qu'elle avoit promis un préfent à un Grénadier , & lui a envoyé trente ducats. Une chofe qu'elle répétoit vingt fois par jour , c'étoit : *Vous verrez que quand je ne ferai plus, tout ira bien....* Le jour de fa Mort, on voulut lui donner encore des remedes ; elle dit : *Si c'eft pour guérir, je les prendrai, mais fi c'eft pour traîner, je ne veux pas vous tourmenter plus long-temps ; ne me donnez que du thé & de la limonade,* qu'elle but en grande quantité, parce que la grangrêne étoit déja déclarée. Elle voulut engager l'Empereur à prendre quelque chofe pour fon rhume, qui eft très-fort. Il lui dit que *fon rhume n'étoit rien, qu'il défiroit feulement que le fien pût aller mieux.* C'étoit le dernier jour.... Elle lui répondit, *Il paffera auffi avec l'aide de Dieu ; j'efpere que je ferai bientôt en repos...* Elle dit auffi, *Que Dieu lui faifoit de grandes graces, & qu'il y avoit bien de la différence entre cette préparation, & celle qu'elle fit du temps de fa petite-vérole où elle n'avoit pas la tête libre.* La nuit du Mardi 28, au Mercredi 29, fon bon fils qui ne pouvoit prendre un moment de repos, entra chez elle, vers 2 heures du matin tout habillé : elle lui parla beaucoup. S. M. l'Empereur l'a pria de tâcher plutôt de dormir un peu. Elle répondit : *Dans quelques heures je dois paroître au jugement de Dieu, & vous voulez que je puiſſe dormir.* . . Il tâcha de la perſuader que le mal n'étoit p: à avancé : elle demanda alors *quelle heure il étoit* ? : lui répondit, *2 heures* : elle regarda fixément l'Empereur & dit en Allemand, *Eh! que faiſons-nous là à cette heure-ci.* . . Il voulut lui répondre, mais ſes ſanglots l'étoufferent tellement qu'il fut obligé de ſortir de la chambre & tomba preſque évanoui dans les bras d'un de ſes Valets-de-Chambre. Elle expira ſur ſa chaiſe. Il n'y avoit de préſens que l'*Empereur*, l'*Archiduc Maximilien* & *le Duc Albert de Saxe Teſchen*. Elle ne voyoit plus les Archiducheſſes depuis la veille.

L'Impératrice-Reine a voulu qu'après ſa Mort, ſon corps fut mené au caveau de la Maiſon d'Autriche, parce qu'il étoit trop peſant, diſoit-elle, pour être porté par ſes Chambellans, ſelon l'étiquette uſitée à la Cour de Vienne. Elle a recommandé à ſes enfans de ne point aſſiſter ni à ſon enterrement, ni à ſes obſeques. En conſéquence de ſes Ordres, les Archiducheſſes n'y ont point été : mais S. M. l'Empereur a dit, » que comme ſon » fils, il devoit obéir à ſa mere, mais comme le » premier de ſes Sujets, il devoit donner l'exem- » ple, & qu'il ne vouloit point s'épargner aucune » de ces triſtes Cérémonies.

Le Teſtament de MARIE-THERESE étoit ſigné du 15 Octobre 1780. Il fut ouvert le 29 Novembre de la même année. Les Papiers publics ont annoncé, avec vérité, quelques-unes des diſpoſitions qu'il renferme.

FIN.

CPSIA information can be obtained at www.ICGtesting.com
Printed in the USA
LVOW081442260613

340371LV00004B/69/P